Autor:
Patrick Mikolaj

Fotos:
Patrick Mikolaj
Martin Wahler
(S. 38, S. 106, S. 109, S. 111,
S. 116, S. 119, S. 121, S. 126)

Lektorat:
Bärbel Philipp > www.textperlen.de

Illustration, Gestaltung, Layout:
Tobias Beuttel > www.promopirat.de

Druck:
Onlineprinters GmbH, Neustadt a. d. Aisch

www.lokalteil-verlag.de

Printed in Germany
2. Auflage 2013

ISBN: 978-3-9815953-0-7

UNNÜTZES STUTTGART WISSEN

VON Akropolis BIS Zeppelin

Patrick Mikolaj

LOKALTEIL VERLAG

VON EXPRESS & MAHAGONI

An einer Hangterrasse im Degerlocher Wald wurde ab 1913 Stuttgarts größter Friedhof angelegt.

Die Lage dieses Waldfriedhofs machte für dessen Besucher den Aufstieg zu den Gräbern stets zu einem mühevollen Akt. Abhilfe konnte hierbei erst 1928 mit der Buslinie ***W*** geschaffen werden, die den Friedhof über die neue und kurvenreiche Karl-Kloß-Straße anfuhr. Erst ein Jahr später, mit der Einweihung einer sogenannten ***Standseilbahn***, wurde für eine Dauerlösung gesorgt. Diese weltweit erste vollautomatische Seilbahn pendelte nun zwischen dem Südheimer Platz in Heslach und dem Waldfriedhof am Hang. Die Bahnlinie wurde von Anfang an von der SSB betrieben, diente jedoch als einzige ihrer Linien ausschließlich dem Transport von Hinterbliebenen. Im Volksmund bekam die Seilbahn daher schnell die Spitznamen ***Erbschleicher-Express*** oder ***Witwen-Express***. In weniger als vier Minuten überwindet dieser ***Express*** 85 Höhenmeter. Zwei, aus Mahagoni- und Teakholz gefertigte Wagen setzen sich an der Tal- und Bergstation zeitgleich in Bewegung. In der Mitte der knapp 540 Meter langen, eingleisigen Strecke ziehen sie gemächlich aneinander vorbei.

VON AUSSICHT & MELODIE

1

Auch Stuttgart besitzt seit 1993 einen chinesischen Garten. Zur Internationalen Gartenbauausstellung wurden fernöstliche und arabische Gärten im Rosensteinpark errichtet. Der chinesische Garten war bei den Besuchern besonders beliebt. Da der Rosensteinpark jedoch unter Denkmalschutz steht, konnten die Gartenanlagen dort nicht verbleiben. Ein Verein nahm sich des Geschenks der chinesischen Provinz Jiangsu an und fand für ihn zusammen mit der Stadt Stuttgart eine neue Heimat. Auf dem Kriegsberg wurde der Garten schließlich neu aufgebaut. An der Panoramastraße gelegen, bietet er einen herrlichen Ausblick über den Talkessel der Stadt.

Garten der schönen Melodie ist sein offizieller Name, der auf einem alten chinesischen Gedicht basiert. So melodisch wie der Name des Kleinods selbst sind auch die der Gebäude im südchinesischen Baustil. ***Die Halle der Freundschaft*** und ***der Pavillon der vier Himmelsrichtungen*** sind Teil eines Ensembles, das die Welt im kleinen Maßstab darstellt.

VON EISENBAHN & KINO

König Wilhelm I. wollte auch beim Thema Eisenbahn in Württemberg Stuttgart als Mittelpunkt erstrahlen lassen. So wählte man einen geeigneten Standort nahe dem Neuen Schloss in der heutigen Bolzstraße als Bauplatz für einen Zentralbahnhof. Der 1846 eingeweihte viergleisige Kopfbahnhof von Karl Etzel war sehr unauffällig in die bestehende Fassadenfront eingefügt worden, und die Bahnsteige überspannte ein schlichtes Holzdach. In zwei Ästen führten die Gleise von hier nach Ludwigsburg und nach Esslingen. Der Bahnhof wurde für das wachsende Verkehrsaufkommen jedoch schnell zu klein und musste somit nach nur 20 Jahren einem größeren Bauwerk an derselben Stelle weichen. Der Neubau von Georg Morlok sollte diesmal eine Prunkfassade und eine prächtige Schalterhalle erhalten. Erst 1922 wurde das Gebäude durch den aktuellen Hauptbahnhof abgelöst. Heute ist vom alten Zentralbahnhof nur noch die stattliche Fassade in Teilen erhalten. Die von Säulen umrahmten Rundbögen dienen heute als Eingang zum Metropol-Kino.

VON METERN & BEWOHNERN

Die Königstraße gilt mit ihren 1,2 Kilometern als eine der längsten Fußgängerzonen Europas.

Ein paar Meter erschummelt sie sich allerdings. Sie knickt nämlich vor dem Wilhelmsbau nach links ab und endet dort schließlich etwa 100 Meter weiter. Bis ausgerechnet in der Autostadt Stuttgart ab 1977 diese Flaniermeile entstand, musste einiger Aufwand betrieben werden. Straßenführungen wurden geändert, die Planie musste untertunnelt werden, und sogar die Straßenbahn wurde unter die Erde verlegt. Vor allem für die zahlreichen Ladengeschäfte internationaler Firmen ist die Königstraße bekannt. Aber auch gewohnt wird hier. Immerhin rund 80 Personen haben in dieser Straße ihren Wohnsitz angemeldet. Ein früherer Bewohner war der bekannte Verleger Johann Friedrich Cotta, der hier 1776 geboren wurde und 30 Jahre später auf derselben Straße eine Buchhandlung eröffnete.

>> Um die Einwohner vor sich ausbreitenden Bränden in der engen Innenstadt zu warnen, wurde 1702 hoch oben auf der Gänsheide das ***Kanonenhäusle*** errichtet. Ausgestattet mit zwei Kanonen, machte man von hier aus mit dem lauten Knall vor allem die Stadtteile und Dörfer um Stuttgart herum auf das Feuer aufmerksam. Das ***Kanonenhäusle*** ist längst im Ruhestand und dient heute als Wohnhaus. <<

VON HERZÖGEN & GULDEN

Für 16 Jahre verlor Stuttgart seinen Titel als Residenzstadt an Ludwigsburg. Herzog Eberhard Ludwig ließ 20 Kilometer nördlich von Stuttgart ein Schloss errichten, da ihm das Alte Schloss zu klein war. 1718 ernannte er schließlich das neu entstandene Ludwigsburg zur Residenzstadt Württembergs. Das gefiel den Stuttgartern natürlich gar nicht und so versuchte die Bürgerschaft nach dem Tod des Herzogs ihr Glück bei seinem Nachfolger. Als Anreiz zu einer Rückkehr schenkte sie dem neuen Landesherren – Herzog Carl Alexander – 10.000 Gulden für den Ausbau des Alten Schlosses, und tatsächlich ernannte dieser 1734 Stuttgart wieder zur Residenzstadt. Der neue Herzog verstarb jedoch schon drei Jahre später und auch sein Sohn Carl Eugen wollte keinesfalls im Alten Schloss leben. Noch immer wohnte dieser im Ludwigsburger Schloss, und die Bürger Stuttgarts baten ihn, in die Hauptstadt zurückzukehren. Nach einer erneuten Zahlung von 30.000 Gulden und mit der beginnenden Planung einer angemessenen Unterkunft für den Herzog stimmte dieser schließlich zu. Der Grundstein für das Neue Schloss wurde gelegt.

VON KAISER & HABSBURG

14 Jahre lang war Stuttgart eine österreichische Stadt. Zu verdanken hatte man dies Herzog Ulrich von Württemberg, einem verschwenderischen, brutalen und gewissenlosen Herrscher. Der ***Schwäbische Bund*** – ein Zusammenschluss vor allem süddeutscher Fürsten und Bistümer – bereitete dem Treiben des Herzogs ein Ende. Noch bevor es zu einer Schlacht kommen konnte, floh Ulrich aus Stuttgart. Württemberg war nun hoch verschuldet und herrenlos. Die Hoffnung richtete sich auf den Habsburger Kaiser Karl V. Der Stuttgarter Vogt lud diesen 1520 ein, das Land Württemberg seinem Reich einzuverleiben. Das tat der Kaiser auch und ***kaufte*** dieses schließlich. Er setzte sofort einen Statthalter ein, der die Finanzlage prüfen sollte, und übergab die Stadt und das Land seinem Bruder – dem späteren Kaiser – Erzherzog Ferdinand. „Hie Österreich Grund und Boden", hieß es nun bis 1534, als Herzog Ulrich mit der Hilfe der Truppen des Landgrafen Philipp von Hessen ***sein*** Württemberg wieder zurückeroberte. Die Habsburger flohen aus Stuttgart und hinterließen ein schuldenfreies Württemberg.

VON BAUKNECHT & BOSCH

Der Waldfriedhof im Degerlocher Wald ist der ***Promi*** unter den Friedhöfen Stuttgarts. Viele namhafte Persönlichkeiten des 20. Jahrhunderts fanden hier ihre letzte Ruhestätte. So befinden sich auf diesem Gelände die Gräber von Robert Bosch, dem Bildhauer Otto Herbert Hajek, von Bundespräsident Theodor Heuss und seiner Gattin Elly sowie die Gräber des Erfinders Gottlob Bauknecht, der Maler Adolf Hölzel und Oskar Schlemmer, des Kaufhausgründers Eduard Breuninger sowie der Oberbürgermeister Lautenschlager und Klett. Mit 31 Hektar Fläche und rund 15.000 Grabstätten ist der Waldfriedhof – auf einer Hangterrasse zwischen Heslach und Degerloch gelegen – der größte Friedhof der Stadt. Hier befindet sich ein Ehrenfeld für 8.000 im Ersten Weltkrieg gefallene Soldaten. Es wurde nach den Plänen von Paul Bonatz – dem Architekten des Hauptbahnhofs – gestaltet. Auch er wurde später selbst auf dem Waldfriedhof beigesetzt. Die Gefallenen des Zweiten Weltkrieges liegen in einem Ehrenhain, der von der Großplastik ***Mutter Heimat*** überragt wird. Gefertigt wurde diese von Fritz von Graevenitz, welcher auch das ***Erbsenbüble*** auf dem Cannstatter Brunnen schuf. Der 1914 eröffnete Waldfriedhof und der direkt angrenzende Dornhaldenfriedhof aus den 1970er-Jahren sind mit der historischen Seilbahn erreichbar.

VON DENKMÄLERN & DÄNEN

Friedrich Schillers Geschichte ist eng mit Stuttgart verbunden. Hier besuchte er – auf herzoglichen Befehl – die Hohe Karlsschule auf Schloss Solitude und in der Innenstadt. Hier verfasste er sein erstes Theaterstück, sein erstes Gedicht ***Der Abend*** wurde gedruckt, und er schrieb in Stuttgart ***Die Räuber***. Von Herzog Carl Eugen unterdrückt, floh er schließlich 1782 aus der Stadt. Doch Stuttgart liebte den großen Dichter. Fast 60 Jahre nach Schillers Flucht ehrten sie ihn mit der Errichtung des ersten Schillerdenkmals in Deutschland. 1839 wurde das vom dänischen Bildhauer Bertel Thorvaldsen geschaffene Werk feierlich eingeweiht. Über die Entstehung dieses Denkmals schrieb sein Landsmann Hans Christian Andersen das Märchen ***Die alte Kirchenglocke***. Von der enthüllten Schillerstatue waren die Stuttgarter jedoch alles andere als begeistert. Ernst und nachdenklich schaut er mit gesenktem Kopf drein, kein bisschen heroisch, so wie man ihn im 19. Jahrhundert sah. 1913 bekamen die Stuttgarter dann ihren ***Helden***. Adolf von Donndorf erschuf einen stolzen Schiller aus Marmor, der noch heute vor der Staatsoper zu sehen ist. Die letzte Ehrung durch die Stadt seiner Jugend wurde Schiller jedoch 1934 zuteil: Der Alte Schlossplatz wurde in Schillerplatz umbenannt.

>> „Vergiß nicht Deinen Hugendubel!" Ein Werbetext, den jeder Stuttgarter einmal kannte. Seit 1833 gibt es die bekannte Marke für Schirme, die einst im Hugendubel-Haus an der Hirschstraße gefertigt und verkauft wurden. Der ehemalige königliche Hofschirmlieferant gehört übrigens zum selben Familienstamm wie die Buchhauskette aus München. Auch dieser Familienzweig der Hugendubels kam ursprünglich aus Stuttgart. <<

VON KASTANIEN & KIES

Der ***Schlossplatz*** veränderte in rund 240 Jahren mehrmals sein Aussehen. Beim Bau des Neuen Schlosses wurde er ab 1775 als einfacher Paradeplatz angelegt, um den man in einem Halbkreis Kastanien pflanzte. König Wilhelm I. ließ die Bäume in den 1820er-Jahren jedoch wieder entfernen, um nun im rechten Winkel rund um den Platz neue Kastanienalleen anlegen zu lassen. Der Boden wurde mit Kies belegt und diente fortan als Exerzierplatz. Knapp 20 Jahre später erhielt der ***Schlossplatz*** sein erstes dekoratives Element. Die Jubiläumssäule wurde im Zentrum errichtet. Weitere 20 Jahre später verwandelte sich der Kiesplatz in einen Blumengarten mit einem sternförmigen Wegenetz. 1863 wurden schließlich auch die großen Schalenbrunnen aufgestellt. Die Baumreihe an der Königstraße wurde gefällt, und der Blick auf das Neue Schloss war endlich frei. Jedoch nur für kurze Zeit, denn daraufhin pflanzte man eine Baumreihe direkt vor dem Ehrenhof des Schlosses. Dieses Baumpflanzspiel sollte sich weiter fortsetzen. Zur Bundesgartenschau 1961 wurde der Schlossplatz abermals verändert. Bereits in den 1970er-Jahren versetzte man ihn jedoch wieder in seinen ursprünglichen Zustand zurück. Zu dieser Zeit verschwanden schließlich auch die Kastanien vor dem ***Neuen Schloss***.

>> Seit 2008 gibt es in Stuttgart eine schwimmende Theaterbühne. Die 67 Meter lange „Frauenlob" wurde vor ihrem Dienst als ***Theaterschiff*** vor allem für den Futtermitteltransport genutzt. Das ehemalige Binnenschiff lief 1930 vom Stapel und liegt heute am Mühlgrün in Cannstatt vor Anker. Bespielt wird seit dem Umbau neben dem Theatersaal mit 160 Plätzen auch die ***Frauenlob-Bar*** an Bord. <<

UNNÜTZES STUTTGARTWISSEN

VON QUELLE & CHARME

Rund um die Uhr sprudelt es im ***Neuner.*** Hier ziehen das ganze Jahr über die Badegäste ihre Bahnen im Außenbecken, selbst bei eisigen Temperaturen. Aber warum nennt man das Mineralbad Berg auch das ***Neuner?*** Schon seit Mitte des 19. Jahrhunderts sprudelt nach Bohrungen an dieser Stelle das Mineralwasser an die Oberfläche. Es lag somit nahe, hier ein ***Bad am Königlichen Park*** zu eröffnen. Dieses wurde 1856 vom königlichen Hofgärtner namens Friedrich Neuner angelegt.

Das gemauerte Becken von damals gibt es noch heute und ist somit das älteste noch existierende Schwimmbecken der Stadt. Das Bad wird aus sechs Quellen gespeist, aus denen täglich rund fünf Millionen Liter natürliches Mineralwasser sprudeln. Durch diese enormen Wassermengen ist weder eine Chlorung, Umwälzung noch Wasseraufbereitung nötig. In den 1950er-Jahren wurde das Bad im zeitgenössischem Stil neu aufgebaut. Da es sich bis heute kaum verändert hat, ist es genau dieser nostalgische Charme, dem das Bad seine vielen Stammgäste verdankt.

VON TRAKT & FLÜGEL

Dass das ***Alte Schloss*** äußerlich eher einer Burg ähnelt, ist kein Zufall. Als Wasserburg wurde das wuchtige Gebäude ursprünglich erbaut. An seiner Stelle wurde erstmals im 10. Jahrhundert ein künstlicher Hügel aufgeschüttet und ein einfacher Wehrbau auf ihm errichtet. Erst als die Württemberger 1311 Stuttgart zu ihrem Wohnsitz erkoren, ließen sie die Anlage ausbauen und erweitern. Es entstand der sogenannte ***Dürnitz-Bau*** – zum heutigen Karlsplatz hin –, der bis heute der größte Trakt des Schlosses ist. Vor diesem wurde ein Hof angelegt, an den sich kleinere Bauten anschlossen. Umgeben war die gesamte Burganlage von einem Wassergraben. Sie konnte somit nur über eine Zugbrücke aus Richtung des heutigen Schillerplatzes betreten werden. Rund 240 Jahre blieb die Burg in diesem Zustand. Dann wurde dem Gebäude ein Archivbau mit Dachgarten vorgelagert und weitere Flügel mit Küche, Bad, Tanzsaal und Gästequartieren (Richtung Planie und Schillerplatz) sowie die markanten Türme wurden errichtet. Der so entstandene Innenhof wurde mit der Schlosskirche abgeschlossen. Seit Ende des 16. Jahrhunderts veränderte sich äußerlich nur noch wenig. Was ein Schloss ausmacht, ist eher im Innern zu finden; äußerlich gleicht das ***Alte Schloss*** bis heute eher einer Burg.

VON ATHENE & AKROPOLIS

Die Karlshöhe trennt die Bezirke Süd und West voneinander. Ihren Namen erhielt sie zum 25-jährigen Regierungsjubiläum König Karls 1889. Am Hang der Westseite stand einst eine prächtige Villa des Industriellen Siegle, dessen Witwe hier lebte. Der heute noch erhaltene ***Athene-Brunnen*** stand damals in ihrem weitläufigen Garten. Auf der Anhöhe gibt es einen Biergarten – eine ehemalige Milchbar –, die einen wunderbaren Blick auf den Süden bietet. Pläne der NS-Zeit sahen vor, hier eine Art Dritte-Reich-Akropolis – ***den Reichssender Stuttgart*** – zu erbauen. Eine der längsten Staffeln Stuttgarts führt von der Tübinger Straße hinauf auf die Karlshöhe: die Willy-Reichert-Staffel, benannt zu Ehren des schwäbischen Humoristen. Entlang dieser reihen sich prächtige Villen und reich geschmückte Bürgerhäuser auf. Zu einem dieser Gebäude gehört das Lapidarium der Stadt Stuttgart. Steinerne Zeitzeugen von der römischen Besiedlung bis zu Kriegstrümmern der Gründerzeit sind hier in einer gemütlichen Parklandschaft zu besichtigen.

QUICKIE

>> Jährlich findet mit dem ***Internationalen Trickfilm Festival*** in Stuttgart die größte Veranstaltung für Animationsfilme in Deutschland statt. 1982 gestartet, zählt das Festival mit seinen rund 1.000 Filmvorführungen zu den bedeutendsten und größten Animationsevents weltweit. Zahlreiche Auszeichnungen wie Landes-, Förder- und Publikumspreise werden hier verliehen. Die Innenstadtkinos ***Metropol*** und ***Gloria*** sowie der Schlossplatz dienen hierbei als Veranstaltungsorte. <<

VON ABSTAND & BACKSTEIN

Ein bekanntes Bild in den Stuttgarter Innenstadtbezirken sind die Gründerzeitbauten. Auffällig ist jedoch, dass es meist einen Abstand zum Nachbargebäude gibt. Dies ist freilich kein Zufall, sondern war des Königs Wunsch. Ebenso wie er verlangte, dass im boomenden Wohnungs- und Industriebau eine ansprechende Fassadengestaltung nicht zu kurz kam. Schließlich war Stuttgart Residenzstadt. Zur Straße hin musste ein jedes Gebäude eine verzierte Fassade aufweisen können, die Rückseite hingegen war ihm egal. So sieht man noch heute – vor allem durch die erwähnten Abstände zwischen den Häusern –, dass die Seitenwände sowie die Gebäuderückseiten aus schmucklosen Backsteinmauern bestehen. Doch wozu nun diese Häuserschluchten, der sogenannte ***Bauwich***? Die Aufgabe, die in anderen Städten eine doppelte Wand zwischen direkt angrenzenden Gebäuden erledigte, war in Stuttgart ein zehn ***Württembergische Fuß*** (ca. 2,90 Meter) breiter Sicherheitsabstand. Er diente schlicht und ergreifend dem Brandschutz. Heute ist er meist ein Durchgang zur Hinterhofbebauung und zu den Parkplätzen.

VON 600 & ZWEIEINHALB

Stuttgart war fast 600 Jahre lang Württembergs Residenzstadt. Zunächst rund 180 Jahre die einer Grafschaft. Über 300 Jahre Hauptstadt eines Herzogtums – mit vorübergehendem Verlust des Titels an Ludwigsburg –, um schließlich für ganze zweieinhalb Jahre zum Kurfürstentum aufzusteigen. Napoleon beförderte Stuttgart schließlich zur Residenzstadt eines Königreichs, die sie für 112 Jahre blieb. Nach der Monarchie wurde sie Hauptstadt eines Volksstaates, eines Landes im Reich und schließlich des heutigen Bundeslandes. Der Titel ***Bundeshauptstadt*** betraf Stuttgart bekanntlich nicht, sondern ging schließlich an Bonn.

VON ASS & RASEN

Der Weißenhof steht nicht nur für die bedeutende Architektursiedlung, sondern auch für weltbekannte Tennisturniere. Schon 1894 wurde der Stuttgarter ***Lawn Tennisclub*** am Stöckach gegründet, der sich nach einem Umzug ab 1914 in ***TC Weissenhof*** umbenannte. Zwei Jahre später richtete der Verein zum ersten Mal das Internationale Weissenhofturnier auf seiner Anlage aus. Seit 1978 trägt dieses Traditionsturnier den Namen Mercedes Cup. Die Tennisanlage des TC Weissenhof umfasst heute einen Centre Court sowie weitere 17 Freiluft- und drei Hallenplätze. Bisher sind dies alles Sand- bzw. Teppichplätze. Um jedoch konkurrenzfähig bleiben zu können, wird der Mercedes Cup ab 2015 auf einer Rasenfläche ausgetragen. Die namhaften Spieler können den hiesigen Cup somit als direkte Vorbereitung auf das Grand-Slam-Turnier in Wimbledon betrachten. Große Namen spielen hier seit Jahrzehnten mit: Björn Borg, Andre Agassi, Michael Stich, Rafael Nadal, Tommy Haas – und viele weitere Tennisasse.

VON BAYERN & SCHWEINEN

Leberkäse gibt es überall ***im Süden***. Aber eine ganz besondere Art gibt es nur in Stuttgart. So gut wie jeder Bäcker und Metzger in Baden-Württemberg bietet seinen Kunden die ursprünglich aus Bayern stammende ***Brühwurst*** an. In Stuttgart eingetroffen, verfeinerte man das Produkt jedoch und fügte ihm vor allem die Zutat hinzu, die offensichtlich in seinem Namen steckt: Leber. Aus dem Nachbarland wurde nämlich nur eine Speise bestehend aus Rindfleisch, Schweinefleisch und Schweinebauch importiert – Leber fand man in ihr nicht. Das Wort Leberkäse leitet sich nämlich vom ***Leibkas*** ab. ***Leib*** bezog sich auf die Form und ***Kas*** auf die Konsistenz, die an Käse erinnert. Mit der Leber hatte die Speise somit nichts zu tun. Diese Tatsache störte die Stuttgarter jedoch nicht, sie mochten es gern deftiger. In Deutschland darf heute der Leberkäse ***Stuttgarter Art*** nur dann als solcher angeboten werden, wenn er mindestens zehn Prozent Leberanteil enthält. Daher ist die in Deutschland weiter verbreitete bayerische Brühwurst als ***Fleischkäse*** bekannt, um so Verwechslungen vorzubeugen.

4

>> „Mir brauchet koi Kunscht, mir brauchet Grombiera!" Damit sprach ein Landtagsabgeordneter 1827 ein Machtwort. Kartoffeln ja, aber kein Geld für einen Antikensaal und keines für den Ankauf der berühmten Sammlung altdeutscher Kunst der Brüder Boisserée. Die Sammlung erwarb schließlich König Ludwig I. von Bayern. Man nahm es humorvoll und pflanzte lange Zeit in einem Beet vor dem Denkmal König Wilhelms I. Kartoffeln an. <<

VON PRÄGUNG & PORTMONEE

Im Schnitt ist fast jede vierte deutsche Euro-Münze in Eurem Portemonnaie ein kleiner Stuttgarter. Denn 24 Prozent aller deutschen Umlaufmünzen werden hier, im Bezirk Bad Cannstatt, geprägt. Damit ist die ***Staatliche Münze Baden-Württemberg – Standort Stuttgart*** die größte Münzprägeanstalt Deutschlands. Gedenkmünzen der BRD entstehen hier ebenso wie jährlich eine 10-Euro-Gedenkmünze. Täglich werden in Bad Cannstatt bis zu zwei Millionen Münzen produziert. Um den Herstellungsort des Hartgeldes zu erkennen, ist auf jeder Münze ein entsprechender Prägebuchstabe nebst Jahreszahl – für Stuttgart steht ein F – zu finden. Schon seit 1374 werden in der Stadt Münzen geprägt. So befand sich jahrhundertelang eine kleine Prägestätte im Stadtkern zwischen Marktplatz und altem Schloss. An jenen Betrieb erinnert noch heute die ***Münzstraße*** am selben Ort.

VON AMT & PARTEI

Die ***Bolzstraße***, die den Schlossplatz mit dem Börsenplatz und dem Friedrichsbau verbindet, hat nichts mit dem Bolzen zu tun. Weder das Fußballspiel noch das Bauteil einer Maschine waren somit 1945 der Anlass einer Umbenennung des Straßenzuges von Schloss- in Bolzstraße. Dies geschah zu Ehren des württembergischen Staatspräsidenten ***Eugen Bolz***. Dieser machte aus seiner Ablehnung der NSDAP keinen Hehl. Auch als die Partei bereits neuer Machthaber in Deutschland war, stellte er sich gegen die Partei und untersagte Hitler einen Auftritt auf dem Schlossplatz. All dies kostete ihn 1933 sein Amt. Kurz darauf wurde Bolz verhaftet und für mehrere Wochen in einem Konzentrationslager festgehalten. Da Eugen Bolz schon 1942 mit dem Widerstandskreis um Goerdeler in Verbindung gebracht wurde, verhaftete man ihn nach dem missglückten Attentat auf Hitler im Juli 1944. Im Dezember desselben Jahres wurde Bolz zum Tode verurteilt und einen Monat später in Berlin enthauptet. Außer dem Straßennamen erinnert heute noch ein Wandrelief des Künstlers Alfred Hrdlicka unter den Säulen des Königsbaus an den Verfechter der Demokratie.

VON B 14 & SOLITUDE

Hinter dem Neuen Schloss in Stuttgart befindet sich der ***Akademiegarten.*** Nur wo ist die dazugehörige Akademie? Diese gibt es längst nicht mehr, und auch das Gebäude selbst musste 1959 der Stadtautobahn B 14 weichen. Im Jahre 1770 gründete Herzog Carl Eugen auf Schloss Solitude die ***Karlsschule***. Eine Eliteschule für die Söhne angesehener württembergischer Familien gedacht, galt sie als besonders strenge Einrichtung. Fünf Jahre nach deren Gründung wurde die Schule vom Schloss Solitude in eine ehemalige Kaserne nach Stuttgart verlegt und stieg zur Universität auf. Ihr Name lautete fortan: ***Hohe Karlsschule***. Zu ihren Schülern gehörten Friedrich Schiller, der Bildhauer Johann Heinrich Dannecker und Friedrich von Thouret. Letzterer vollendete den Bau des Neuen Schlosses und schuf den ***Löwenbrunnen*** im Innenhof der Schule, der noch heute an Ort und Stelle steht. Versteckt unter der Treppe an der Rückseite des Neuen Schlosses befindet sich ein Giebelrelief mit Wappen. Ein letztes Überbleibsel der ***Hohen Karlsschule*** an dieser Stelle.

QUICKIE

>> An allen vier Seiten der würfelförmigen Stadtbibliothek befindet sich oben links ein Schriftzug. Es handelt sich jeweils um das Wort ***Bibliothek***. Auf der Nordseite ist es auf Deutsch, auf der Westseite in der Weltsprache Englisch zu lesen. Im Süden auf Arabisch, stellvertretend für alle Sprachen der Welt. Auf der Ostseite steht der koreanische Schriftzug, da der Architekt der Bibliothek Südkoreaner ist. <<

VON MARMOR & KOPIEN

Die bekannte ***Nymphengruppe*** am Bassin vor dem Schloss Rosenstein ist lediglich die Kopie einer Kopie. Das Original von Hofbildhauer Johann Heinrich Dannecker war aus Sandstein und befand sich ab 1815 am Rande des Sees im Oberen Schlossgarten. Sie wurde schon dort gegen eine Marmorkopie ausgetauscht, die jedoch im Zweiten Weltkrieg zerstört wurde. Vor dem Schloss Rosenstein steht seit 1982 somit die Kopie der Kopie. Das Original aus Sandstein blieb jedoch erhalten und befindet sich heute in der Tübinger Kunsthalle. Zwar ist die in doppelter Lebensgröße gestaltete ***Nymphengruppe*** im Rosensteinpark wohl die bekannteste, jedoch nicht die einzige Version in der Stadt. Ein lebensgroßes Gipsmodell befindet sich seit 1858 in der Staatsgalerie, und in der Freianlage des ***Mineralbad Berg*** steht seit 1926 ebenfalls eine Kunstkopie. Im Lapidarium der Stadt findet man neben einer Zinkgusskopie außerdem den Torso der Wiesennymphe aus der im Krieg zerstörten Marmorkopie.

VON COLORADO & KAMIN

In den ***Top Ten*** der höchsten Bauwerke Stuttgarts ist kein Hochhaus zu finden. Ein Standort für Wolkenkratzer war die Schwabenmetropole noch nie. Wenig überraschend ist, dass der ***Fernsehturm*** hierbei mit seinen 217 Metern noch immer den ersten Platz belegt. Auf ihn folgen der 193 Meter hohe ***Fernmeldeturm*** und der Kamin des ***Kraftwerks Münster*** mit einer Höhe von 180 Metern. Weitere Kamine, Funktürme und der ***Gaisburger Gaskessel*** mit seinen rund 100 Metern reihen sich aneinander, bis schließlich das erste Hochhaus auf Platz 11 landet. Der ***Colorado Turm*** in Vaihingen beansprucht diese Platzierung mit rund 75 Metern für sich. Im Talkessel jedoch erreicht kein Bauwerk eine Höhe von 70 Metern. Die Beeinträchtigung der Frischluftzufuhr und des Stadtbildes verhinderte dies bis heute. Warum jedoch beispielsweise auf den Fildern oder dem Pragsattel – wo dies immer wieder geplant war – nie höher gebaut wurde, bleibt ein Geheimnis des Rathauses.

VON CERES & MAJOLIKA

Auch Rekonstruktion hat ihren Reiz. Nach der Kriegszerstörung des ***Ceres-Brunnens*** 1944 befand sich an seiner Stelle 65 Jahre lang ein weiterer Händlerstand in der Markthalle. Dank Spendengeldern, gesammelt vom ***Förderverein Alt Stuttgart,*** konnte der Brunnentrog aus grünblauen Majolikafliesen (einer zinnglasierten Keramik) für rund 400.000 Euro rekonstruiert und zwischen den Treppenaufgängen zur Empore wieder aufgestellt werden. Nach alten Fotos und Zeichnungen konnte auch die Figurengruppe der römischen Ackerbaugöttin Ceres – die die Schutzpatronin der Markthalle ist – samt den beiden Knaben an ihrer Seite nachgebildet werden. Die Rekonstruktion der Göttin wiegt ganze 1,5 Tonnen, weshalb die Kellerdecke zusätzlich abgestützt werden musste. Aus dem Wasserhahn des Sockels sprudelt nicht nur einfaches Trinkwasser: Der Brunnen ist an eine der zahlreichen Mineralwasserquellen der Stadt angeschlossen.

>> Mit seinen rund 600.000 Einwohnern ist Stuttgart die größte Stadt Baden-Württembergs und die sechstgrößte Stadt Deutschlands. Sie liegt aktuell in Europa auf Rang 63 und die Region weltweit auf dem 184. Platz. <<

UNNÜTZES STUTTGARTWISSEN

VON KRONE & ANSTRICH

Bei Stimmengleichheit im Landtag ***für*** oder ***gegen*** den Abriss des ***Neuen Schlosses*** konnte sein Wiederaufbau gerade noch durchgesetzt werden. Hierbei erfuhr das Schloss zwischen 1957 und 1964 auch an der Fassade bauliche Veränderungen. Die Rückseite des Gebäudes war bis dato durch die ***Hohe Karlsschule*** verdeckt und daher sehr schlicht gehalten. Nach dem Abriss dieses Akademiegebäudes stand die Fassade des Schlosses plötzlich frei. Um seine Rückansicht aufzuhübschen, wurde etwas geschummelt. Das Dach des Mittelbaus wurde durch ein aufgesetztes Stockwerk erhöht, und man errichtete eine Treppenanlage, die das Schloss zum Garten hin öffnen sollte. Der Flügel in Richtung Schlossgarten erhielt nach dem Wiederaufbau einen rosafarbenen Anstrich. Ursprünglich hatte er eine einfache steinerne Fassade wie auch das restliche Schloss. Bis zum Krieg befand sich oberhalb der Kuppel eine große, goldene Königskrone. Auf diese verzichtete man beim Wiederaufbau jedoch bewusst, da ein Zeichen der Monarchie nicht mehr zeitgemäß erschien. Heute weht an ihrer Stelle die baden-württembergische Landesfahne im Wind.

6 VON FREIHERR & HOCHSCHULE

MITTNACHTBAU ist in großen Lettern an der Fassade des wuchtigen Gebäudes an der Königstraße zu lesen. Mit Finsternis und Geisterstunde hat dieser Name jedoch nichts zu tun. 1928 wurde das damals hochmoderne Büro- und Geschäftshaus eingeweiht, das von den Architekten Eisenlohr und Pfennig – Absolventen der Technischen Hochschule Stuttgart – entworfen worden war. Das Gebäude im Stil zwischen Expressionismus und Neuer Sachlichkeit ist eine Stahlbetonkonstruktion und wurde gänzlich mit Travertin – dem ***Cannstatter Marmor*** – verkleidet. Um den 19 Jahre zuvor verstorbenen Königlich Württembergischen Ministerpräsidenten Hermann Freiherr von Mittnacht zu ehren, sollte das Bauwerk seinen Namen tragen. Neben Büros beherbergte es 18 Läden und ein Turmcafé. Nach dem Krieg zogen in das Gebäude die Amerikaner ein und brachten dort den Radiosender ***American Forces Network*** unter. Das Erdgeschoss wurde als Einkaufszentrum für alle Besatzungsangehörigen genutzt. Noch immer erfüllt der Mittnachtbau seinen ursprünglichen Zweck und beherbergt heute in den Büroräumen das Wissenschaftsministerium des Landes.

7 VON FREUDENHAUS & KLOSTER

Das Drei-Farben-Haus ist Stuttgarts größtes Laufhaus. Die Gebäude in den Farben Rot, Weiß, Blau waren bei ihrer Eröffnung 1957 noch nicht miteinander verbunden. Heute bilden die Farben ein Ensemble. Das Freudenhaus wurde von der Stadt einer Dame des Gewerbes im Tausch gegen ein anderes Grundstück überlassen. Wo heute in 70 Zimmern rund 65 Prostituierte ihrem Dienst nachgehen, besaß im Mittelalter an selber Stelle das Kloster Bebenhausen einen Pflegehof und Stallungen. Die Nähe des Bordells zum Rathaus und der Umstand, dass dies durch einen Tausch zustande kam, war für die Bürger ein gefundenes Fressen für Spekulationen. Jedoch konnte bis heute kein Tunnel zwischen den beiden Gebäuden nachgewiesen werden.

>> Der 100 Meter hohe und 69 Meter breite ***Gaisburger Gaskessel*** ist der größte noch in Betrieb befindliche, sogenannte ***Scheibengasbehälter*** in Europa. Eine 1.000 Tonnen schwere Stahlscheibe schwimmt auf dem Gas im Inneren und bildet somit einen beweglichen Deckel des Kessels. Der Gaskessel aus den 1920er-Jahren wurde im Krieg zerstört und anschließend in denselben Ausmaßen wiedererrichtet. <<

VON FUHRWERK & ZACKETSE

Jahrhundertelang führte aus dem Stuttgarter Süden nur eine einzige steile Straße hinauf nach Degerloch. Die ***Alte Weinsteige*** wurde im 14. Jahrhundert angelegt und diente vor allem als Transportstraße von Gütern zwischen den Fildern und der Residenzstadt im Tal. Zwar erleichterte die Straße den Gütertransport erheblich, sie bot jedoch alles andere als einen bequemen Auf- und Abstieg. Die zwei Kilometer lange Strecke überwindet rund 200 Höhenmeter, durch die sich Steigungen von bis zu 17 Prozent ergeben. Bis zu 16 Pferde waren als Vorspann eines Fuhrwerks für diesen Kraftakt nötig. Erst im Jahre 1831 wurde diese steile Route durch die Eröffnung der Neuen Weinsteige abgelöst. Um weiterhin auch Güter direkt in die südlichen Stadtteile transportieren zu können, wurden auf der nun weit weniger frequentierten ***Alten*** Weinsteige die Gleise für eine Zahnradbahn verlegt. Schnell transportiert die ***Zacketse*** – wie sie liebevoll von den Stuttgartern genannt wird – jedoch vor allem Fahrgäste hinauf ins Grüne und ist bis heute eine beliebte Panoramabahn.

VON GROSSMARKT & PARKPLATZ

Der ***Karlsplatz*** war einst der private Garten für die Gräfinnen und Herzoginnen von Württemberg. Umgeben von einer Mauer, grenzte er direkt an das Alte Schloss an. Nach rund 400 Jahren ließ Herzog Carl Eugen 1778 diesen Garten auflösen, die Fläche planieren und machte sie als Spazierplatz allen Bürgern zugänglich. Dem Herzog zu Ehren verlieh man diesem Platz sechs Jahre nach dessen Tod seinen Namen. Im Zentrum des Karlsplatzes standen im Wechsel ein Gartenhaus, ein Brunnen, ein Obelisk und ein Wasserbecken, um schließlich durch ein wuchtiges Reiterdenkmal abgelöst zu werden. Zwar heißt er ***Karlsplatz***, aber ein ***Wilhelm*** sitzt hier hoch zu Ross seit 1898 auf einem Podest. Das Reiterdenkmal Kaiser Wilhelms I. wurde von den Bürgern der Stadt selbst finanziert, um die Zugehörigkeit Württembergs zum Kaiserreich zu symbolisieren. Im 20. Jahrhundert war der Platz jahrzehntelang ein Großmarkt und in den 70er-Jahren sogar ein Parkplatz. Heute finden hier vor allem verschiedene Feste statt, und samstags der Flohmarkt. In den 1980er-Jahren wurden neue Kastanien gepflanzt, deren Bestand zum größten Teil aus der Allee stammt, die auf die Solitude zuführt.

VON ZEPPELIN & LEICHENHALLE

Der städtische Zentralfriedhof auf der Prag wurde 1873 eingeweiht. Christine Fritz war „die erste Leiche dieses Freidhofs“, wie noch heute auf ihrem Grabstein zu lesen ist. Zu dieser Zeit entstanden die Kapelle am Haupttor und die Leichenhalle, welche vom letzten Baumeister des Ulmer Münsters – August Beyer – entworfen wurden. Nach rund 30 Jahren musste der Pragfriedhof erweitert werden, und in diesem Zusammenhang wurde bis 1907 auch das Krematorium errichtet. Der tempelartigen Feierhalle in der Mitte des Jugendstilgebäudes schließen sich zu beiden Seiten geschwungene Flügel an. In diesen Kolumbarien stehen Hunderte Urnen. Als der jüdische Teil des Hoppenlau-Friedhofs in der Innenstadt ***besetzt*** war, wurde auf der Prag ab 1877 dem bestehenden Friedhof ein israelitischer Bereich angegliedert. Große Namen findet man auf den Grabsteinen des Pragfriedhofs. Eduard Mörike, Karl von Gerok, Graf Ferdinand von Zeppelin und Anna Sutter liegen hier begraben.

VON WITTERUNG & PANTHEON

Im Auftrag König Wilhelms I. wurde Mitte des 19. Jahrhunderts die erste Markthalle als Eisenkonstruktion mit Glasdach erbaut. Sie sollte den Marktfrauen Schutz vor der Witterung bieten. Die alte Halle war jedoch schon nach einigen Jahrzehnten zu klein geworden, und so plante man einen Neubau an selber Stelle. Es wurde unter anderem ein Entwurf eingereicht, der einer Art Gemüse-Pantheon gleichkam. Doch dieser römische Bau mit großem Kuppeldach war dem Preisgericht seinerzeit viel zu gewagt. Daher beauftragte man Martin Elsaesser mit seinem Entwurf einer Halle im Jugendstil, die in den oberen Geschossen Räumlichkeiten für die städtischen Kanzleien vorsah, damit sich der Bau auch ja rechnete. 1914 wurde das neue Gebäude hinter dem Alten Schloss schließlich eingeweiht. In den 1990er-Jahren vergrößerte sich die Verkaufsfläche der Halle noch einmal deutlich. Im ersten Obergeschoss eröffnete ein Restaurant, und die Besucher erwartete ab sofort ein besonderes Einkaufserlebnis. Zu den Köstlichkeiten der vielen Marktstände gab es nun auch ein großes Sortiment an Gartenzubehör, Schmuck, Kosmetik und Wohnaccessoires.

QUICKIE

>> Das ***Klösterle*** im Bezirk Bad Cannstatt ist das älteste erhaltene Wohnhaus Stuttgarts. Das Fachwerkhaus wurde etwa Mitte des 15. Jahrhunderts erbaut und war bis zur Reformation die Heimat lediger Frauen, die in einer klösterlichen Gemeinschaft lebten. <<

VON AREAL & WELLENDACH

1900 ließ Robert Bosch am Rande der Innenstadt sein erstes Firmengebäude errichten. Über 70 Jahre sollte dort sein Firmensitz bleiben. Nach dessen Wegzug nach Gerlingen wirtschaftete das Regierungspräsidium bis Anfang der 1990er das Areal vollkommen herunter. So sollte das „alte Gerümpel" abgerissen und neu bebaut werden, und selbst Hochhäuser bis zu 128 Metern waren im Gespräch. Jedoch steht das Areal seit 1989 unter Denkmalschutz, da es für die Architekturgeschichte wertvoll ist. So wurden stattdessen alte Gebäude restauriert und Neubauten eingefügt. Auf dem Bosch-Areal entstand so auch eine kleine Ladenpassage und ein Kinokomplex. Im ehemaligen Gebäude der Bosch-Geschäftsleitung fand das Literaturhaus Stuttgart sein Zuhause, und in den mit einem markanten gläsernen Wellendach überspannten Gassen eröffneten Lokale und Läden, darüber wurden Büros und Wohnungen bezogen.

VON HEILIGEN & VHS

Am Rotebühlplatz beginnt Stuttgarts Partymeile. Dort geht man aber auch zum Volkshochschulkurs oder wechselt im Untergrund die Bahnlinie. Viel los war hier schon im 17. Jahrhundert, bedingt durch das ***Thurn und Taxissche Posthaus***, das den Bereich zu einem Umschlagplatz für Güter und Nachrichten machte. Aber was ist denn ein ***Rotebühl***? An der Stelle des heutigen Verkehrsknotens befand sich seinerzeit ein Stadttor. Dieses ***Calwer Tor*** wurde im Volksmund auch ***Rotebildtor*** genannt, da sich auf ihm ein auffälliges rot bemaltes Heiligenbild befand. In der Mundart wurde aus dem ***roten Bild*** – wir ahnen es – ein ***Rotebühl***.

VON HELLER & EIMER

Am eigenen Hochzeitstag denkt heute wohl kein Stuttgarter mehr daran, der Stadt einen Eimer zu stiften. Im 15. Jahrhundert war genau dies jedoch eine Anordnung. Damals gab es eine gesetzliche Regelung zum ***Feuerlöschwesen*** in Stuttgart, da ein Brand eine Bedrohung für die gesamte eng bebaute Stadt war. Brannte es, dann begann ein Wettrennen: Wer als Erster mit seinem Fass am Brand ankam, erhielt ein ***Pfund Heller*** als Belohnung. Sobald die Glocken der Stiftskirche und „Feurio!"-Rufe erklangen, musste jeder Bürger ran. Vor allem bei Großbränden wurden schon früh Pumpspritzen eingesetzt, die durch eine Menschenkette zwischen Brunnen und Brandort mit Wasser versorgt wurden. Hunderte Ledereimer – welche dank der vielen Ehepaare immer im Magazin vorhanden waren – kamen hier zum Einsatz. Heute übernehmen den Schutz der Einwohner die rund 1.500 Männer und Frauen der Freiwilligen und Berufsfeuerwehr, die von fünf Feuerwachen aus zu ihren Einsätzen aufbrechen.

VON SCHOKOLADE & BRAUSE

Stuttgart hatte einmal viel Süßes zu bieten. So war die Stadt früher für ihre Schokoladenfirmen bekannt. Die ESZET-Schnitten stammen ursprünglich aus Untertürkheim. Die AHOJ-Brause der Firma Friedel, die ebenfalls Schokolade herstellte, kam aus Bad Cannstatt. Ebenso wurde die bekannte Marke RITTER SPORT dort ***geboren***. Weitere bekannte Hersteller waren Schoko-Buck, Waldbaur und Moser-Roth, die größte Schokoladenfabrik der Stadt. Keine der drei Firmen existiert heute noch. Auch all die anderen Betriebe haben die einstige Schokoladenstadt verlassen, und so weisen nur noch Kleinigkeiten auf diese Epoche hin. „ESZET!", klingt es aus den Lautsprechern der Stadtbahnlinie U13, wenn sie vor dem Areal einer der ehemaligen Schokoladenfabriken haltmacht.

VON KNOLLENNASEN & OPER

Loriot, ein Virtuose der deutschen Sprache, hat seinen bekannten Knollennasenmännchen in Stuttgart sozusagen das Laufen beigebracht. Bis 1967 hatte er die lustigen Zeichentrickfiguren mit der dicken Nase nur für Zeitungen geschaffen. Dann jedoch kam Loriot nach Stuttgart und zum Süddeutschen Rundfunk. Hier erhielt er beim schwäbischen ***Dritten*** die Möglichkeit, seine Männchen in Bewegung zu setzen. In seiner eigenen Sendung namens ***Cartoon*** moderierte er fünf Jahre lang neben seinen Zeichentrickfilmchen auch seine Sketche an. Vor dem Schloss Rosenstein oder auf den Fildern in Möhringen spielten diese beispielsweise. Fremd war ihm Stuttgart auch vor seinem TV-Einstieg nicht. 1938 zog er mit seiner Familie an den Stuttgarter Eugensplatz. Er besuchte in diesen Jahren das Eberhard-Ludwigs-Gymnasium, das er 1941 mit Notabitur verließ. An der Stuttgarter Staatsoper und im Schauspielhaus sammelte er auch erste Schauspielerfahrungen als Statist. Aber aller guten Dinge sind bekanntlich drei. So kam Loriot in den Jahren 1985/86 zurück in die Schwabenmetropole und inszenierte als Regisseur im ***Großen Haus*** des Staatstheaters die Oper ***Martha***.

VON NYMPHE & HINTERN

Einer der prächtigsten Brunnen der Stadt hat eine der lustigsten Geschichten zu bieten. Auf einer steinernen Stele thront die Bronzefigur der Meeresnymphe Galatea über dem Eugensplatz. Einen herrlichen Blick auf die Innenstadt hat die Gute von hier oben am Hang. Dabei hat sie gerade noch einmal Glück gehabt. Denn Königin Olga war nach der Einweihung 1890 verärgert über die Stuttgarter. Auf Anregung der Königin entstand der ***Galateabrunnen*** zur Verschönerung des Stadtbildes überhaupt erst, den sie selbst mitfinanzierte. Und als das Volk sein Missfallen darüber, dass die Galatea nur spärlich bekleidet ist, äußerte, drohte die Königin der Legende nach damit, die Nymphe um 180 Grad drehen zu lassen, damit sie der Stadt ihren nackten Hintern zuwenden sollte.

Das ***Bruddeln*** verstummte. Glück gehabt, Galatea.

VON AUSHUB & ZIERDE

Am unteren Ende des Schlossgartens – auf der Anhöhe ***Kahlenstein*** – wollte König Wilhelm I. seinen Sommersitz errichten lassen. Dieser sollte eingebettet in einen Landschaftspark im englischen Stil liegen, welcher heute der größte Südwestdeutschlands ist. Hierzu musste der König über Jahre hinweg rund 500 Grundstücke ankaufen. Oberhofgärtner Wilhelm Bosch begann schließlich 1823 mit dem Ebnen der Parkflächen. Zeitgleich war der Hofbaumeister Salucci mit dem Bau des klassizistischen Schlosses beschäftigt. Der Aushub beider Projekte wurde dazu benutzt, das Ufer am Fuße des Kahlenstein zu verbreitern, um entlang des Neckars eine bessere Straße zu schaffen. Nach sechsjähriger Bauzeit war das einstöckige Schloss – das „für die Umgebung der Landeshauptstadt eine Zierde sein" sollte – 1829 fertiggestellt. Der viereckige Bau mit Mitteltrakt und Innenhöfen sowie der weitläufige Park erhielten vom König selbst den Namen ***Rosenstein***. Vor allem für Feierlichkeiten wurde das Schloss jahrzehntelang genutzt, und um hohen Besuch zu beherbergen, wie den Schah von Persien und sein Gefolge. König Wilhelm starb 1864 auf seinem Sommersitz, Schloss Rosenstein.

VON IG & DGB

Da das alte Gewerkschaftshaus im Bohnenviertel an der Stelle des heutigen Breuninger Parkhauses längst zu klein geworden war, suchte man ab den 1920er-Jahren nach einem geeigneten neuen Standort. Den fand man schließlich an der ***Roten Straße*** – der heutigen Theodor-Heuss-Straße – und begann 1930 mit dem Bau einer neuen Heimat. Architektonisch definitiv ein Kind seiner Zeit, wurde das ***Gewerkschaftshaus*** am 1. Mai 1933 eingeweiht. Ein gänzlich schlechter Zeitpunkt. Schon einen Tag später besetzte die SA das Gebäude, verhaftete Funktionäre und erklärte den Neubau zu ihrem Eigentum. Nach dem Krieg wurde jedoch sofort der ***Württembergische Gewerkschaftsbund*** gegründet, der sich dem neuen ***Deutschen Gewerkschaftsbund*** (DGB) anschloss. Stuttgart war seinerzeit eine echte Gewerkschaftshochburg. Mit der ***IG Medien*** und der ***ÖTV*** hatten zwei große Gewerkschaften hier ihren Hauptsitz, bis sie 2001 Teil der ***Vereinigten Dienstleistungsgewerkschaft*** (ver.di) wurden und sich somit auflösten. Heute befinden sich immerhin noch die ver.di-, IG-Metall- und DGB-Sitze für den Landesbezirk Baden-Württemberg im Gewerkschaftshaus.

VON KANZLER & GESCHOSS

Jeder kennt das Gebäude ohne Namen. Gegenüber dem Hauptbahnhof mit seinen monumentalen Säulen sollte das Bauwerk ein Gegengewicht zu diesem bilden. Als es 1928 eingeweiht wurde, gab man ihm – wie sich das gehört – einen einprägsamen Namen. Geplant war das Bauwerk mit sieben Stockwerken, verwirklicht wurden jedoch nur drei. Auf seinem Dach eröffnete eines der ersten Planetarien in Deutschland. Nach dem Krieg neu aufgebaut, sollte es um zwei weitere Geschosse und etwas zurückversetzt im typischen Stil der Zeit in die Höhe wachsen. Trotz des bereits geltenden Denkmalschutzes wurde 2005 ein sechstes Stockwerk genehmigt, und so bietet das Gebäude seither mit seinem ***gläsernen Dach*** die gewohnte Ansicht. Trotz jahrzehntelanger Veränderungen hatte es – tatsächlich überraschend – stets seinen Namen behalten können. Die Stadt Stuttgart erkannte 2010 dem Namensgeber die Ehrenbürgerwürde nachträglich ab, und so entschloss sich auch die Eigentümerin des Geschäftshauses, den Bezug zum ***Feind der Demokratie*** zu verbannen. Der ***Hindenburgbau*** – benannt nach dem Mann, der „Hitler den Weg zum Reichskanzler geebnet hatte" – ist seither namenlos und wartet geduldig auf einen neuen.

QUICKIE

11

>> Im Auftrag König Wilhelms I. wurden um 1850 Kopien antiker Statuen im ***Oberen Schlossgarten*** aufgestellt. Auch verschiedene, leicht bekleidete Venusstatuen befanden sich unter ihnen. Die Stuttgarter Bürger waren darüber empört, und der König ließ die Venusstatuen schließlich entfernen. Erst sein Sohn Karl befahl die Rückkehr der Statuen in den ***Schlossgarten*** mit dem Hinweis, bei wiederholten Beschwerden das Publikum „von dem Zugang der betreffenden Teile des königlichen Gartens auszuschließen". <<

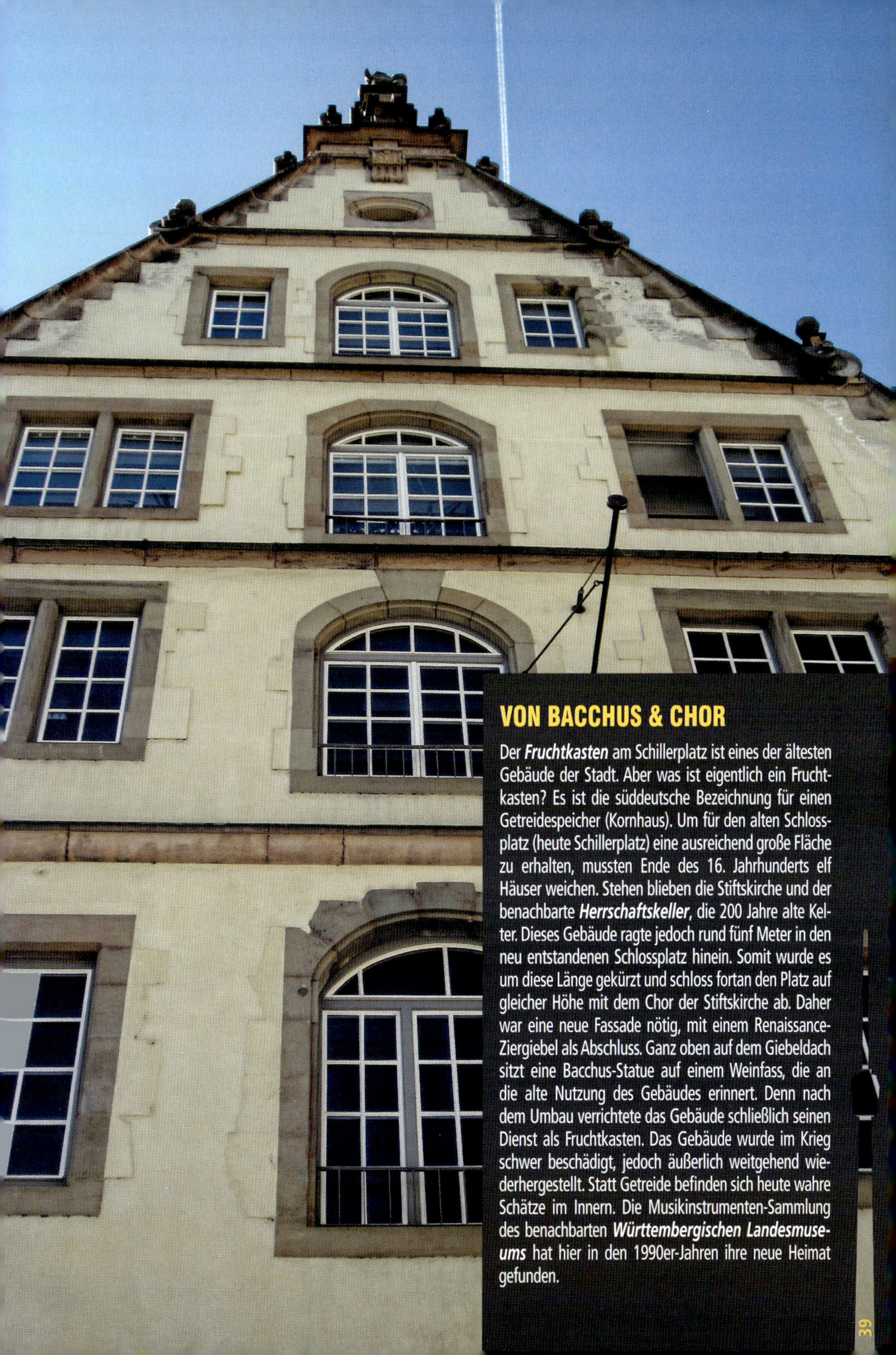

VON BACCHUS & CHOR

Der ***Fruchtkasten*** am Schillerplatz ist eines der ältesten Gebäude der Stadt. Aber was ist eigentlich ein Fruchtkasten? Es ist die süddeutsche Bezeichnung für einen Getreidespeicher (Kornhaus). Um für den alten Schlossplatz (heute Schillerplatz) eine ausreichend große Fläche zu erhalten, mussten Ende des 16. Jahrhunderts elf Häuser weichen. Stehen blieben die Stiftskirche und der benachbarte ***Herrschaftskeller***, die 200 Jahre alte Kelter. Dieses Gebäude ragte jedoch rund fünf Meter in den neu entstandenen Schlossplatz hinein. Somit wurde es um diese Länge gekürzt und schloss fortan den Platz auf gleicher Höhe mit dem Chor der Stiftskirche ab. Daher war eine neue Fassade nötig, mit einem Renaissance-Ziergiebel als Abschluss. Ganz oben auf dem Giebeldach sitzt eine Bacchus-Statue auf einem Weinfass, die an die alte Nutzung des Gebäudes erinnert. Denn nach dem Umbau verrichtete das Gebäude schließlich seinen Dienst als Fruchtkasten. Das Gebäude wurde im Krieg schwer beschädigt, jedoch äußerlich weitgehend wiederhergestellt. Statt Getreide befinden sich heute wahre Schätze im Innern. Die Musikinstrumenten-Sammlung des benachbarten ***Württembergischen Landesmuseums*** hat hier in den 1990er-Jahren ihre neue Heimat gefunden.

VON KELLER & KANZLEI

Die ***Neue Kanzlei*** – bis 1838 erbaut – ist das älteste noch erhaltene Gebäude der Königstraße. Das lang gestreckte, klassizistische Gebäude ist auch unter dem Namen ***Stockgebäude*** bekannt. Dieser Name war im Volksmund ab Mitte des 16. Jahrhunderts gebräuchlich, da an selber Stelle viele Jahre ein unvollendetes Gebäude stand. Dessen Bauarbeiten wurden im ersten Stockwerk plötzlich eingestellt. Jedes weitere Bauwerk an diesem Ort trägt seither diesen Namen. Eines dieser Gebäude war ein Kornspeicher. Dessen Keller ist noch teilweise in der ***Neuen Kanzlei*** erhalten. Heute beherbergt das Bauwerk verschiedene Landesministerien.

VON KINDHEIT & WIDERSTAND

Die Brüder Claus und Berthold von Stauffenberg, die maßgeblich am Attentat auf Adolf Hitler 1944 beteiligt waren, wuchsen in Stuttgart im Alten Schloss auf. Ihr Vater war seinerzeit der Oberhofmarschall des Königs von Württemberg und ihre Mutter die Vertraute der Königin. In Stuttgart wurde der Einsatz der Stauffenbergs gegen das NS-Regime im Jahre 2006 erneut gewürdigt. Die Widerstandskämpfer der ***Operation Walküre*** erhielten eine Erinnerungsstätte im Heim ihrer Jugend. Zudem wurde neben dem Alten Schloss ein Platz nach den Brüdern benannt.

QUICKIE

>> Im Eröffnungsjahr 1914 drängen sich über 400 Verkaufsstände in den Räumlichkeiten der Markthalle. Heute bieten noch 38 Stände auf rund 3.500 Quadratmetern Verkaufsfläche ihre Köstlichkeiten aus aller Welt an. <<

VON BAUSTELLE & PRACHT

Wer einmal aufmerksam um das ***Neue Schloss*** spaziert, dem wird auffallen, dass seine Fassade alles andere als einheitlich ist. Zwar wurde es im barocken Stil errichtet, aber die Bauzeit von rund 60 Jahren beinhaltete vier verschiedene verantwortliche Baumeister mit vier verschiedenen Vorstellungen. 1746 wurde durch Baumeister Leopoldo Retti der Grundstein gelegt. Er war für den Mittelbau sowie für den reich geschmückten Gartenflügel verantwortlich. Nur die dem Innenhof zugewandte Fassade ist noch prächtiger ausgestattet. Für deren Fertigstellung war nach Rettis Tod 1751 der zweite Baumeister, Philippe de La Guêpière, verantwortlich. Der Pariser ließ gleichzeitig den Stadtflügel errichten. Dieser dem Alten Schloss zugewandte Trakt wurde nach damals aktuellem Geschmack gestaltet: einfach und mit weit weniger Fassadenschmuck. Im November 1762 brannte der Gartenflügel gänzlich aus. Der Franzose verließ Stuttgart wieder, und sein Nachfolger Reinhard Ferdinand Fischer war nun für den Weiterbau verantwortlich. Doch immer wieder wurden die Arbeiten unterbrochen. Erst Bauherr Nummer vier, Nikolaus Friedrich von Thouret, führte die Langzeitbaustelle und den Wiederaufbau des Gartenflügels 1807 zu einem Ende.

VON KIRCHE & BLÄSERN

Seit fast 400 Jahren gibt es eine traditionelle Gruppe in der Stadt, die nur wenige kennen: die Turmbläser. 1618 wurde der Brauch eingeführt, dass mehrmals in der Woche Musiker mit ihren Blasinstrumenten den Hauptturm der Stiftskirche besteigen und in alle vier Himmelsrichtungen ihre Lieder spielen. Fast hätte die jahrhundertealte Tradition ein Ende gefunden, da der evangelischen Kirche das Geld ausging. Der großzügigen Spende eines Ehepaares ist es zu verdanken, dass die Turmbläser mindestens noch zehn Jahre die 230 Stufen des Turmes erklimmen werden. Jeden Dienstag- und Donnerstagmorgen, pünktlich um 08.45 Uhr, erklingen somit weiterhin die Trompeten über dem Wochenmarkt.

VON BASAR & DOUBLE

Lange fehlte dem Neuen Schloss ein würdiges Pendant. Dies sollte sich ändern, als König Wilhelm I. nach einem neuen Standort für einen Konzert- und Ballsaal suchte. Die Pläne von Knapp und Leins überzeugten den Monarchen, da diese eine Kombination mit einer Art Basarbau vorsahen. So entstand ein klassizistisches Gebäude, in dem sich fortan neben dem neuen Festsaal auch Stuttgarts erste Ladenpassage und der ***Stuttgarter Börsenverein*** befanden. Der Königsbau wurde 1859 von seinem Namensgeber feierlich eingeweiht. Die ***Schwäbische Akropolis*** – wie eine Lokalzeitung einst den Königsbau betitelte – wurde fast 150 Jahre später um eine Einkaufspassage erweitert, die 2006 ebenfalls König Wilhelm I. eröffnete, wenn auch nur sein Double.

QUICKIE

>> Den Namen kennt man, aber was ist eigentlich ein ***Bopser***? Es ist der Name eines der größten Berge, die den Stuttgarter Talkessel bilden. Sein Name setzt sich vermutlich aus dem mittelhochdeutschen Wort ***bobe*** – das ***oben*** bedeutet – und ***ser*** zusammen, welches eine Steigerungsform ist. Somit bedeutet ***Bopser*** im Grunde schlicht und einfach: ***sehr weit oben***. <<

VON KUPFERDACH & GLOCKENSPIEL

Das Stuttgarter Rathaus gewinnt sicher niemals einen Schönheitswettbewerb. Dabei war es bis vor dem Krieg sehr prachtvoll und wurde nicht gänzlich zerstört. Als sich die Stadt Ende des 19. Jahrhunderts schnell vergrößerte, musste auch die wachsende Stadtverwaltung unterkommen. 1905 wurde hierfür ein großes, prächtiges Bauwerk eingeweiht. 20 Häuser mussten für den Verwaltungsbau am Marktplatz weichen. Im Stil der flämischen Spätgotik machte das Rathaus mit seinem imposanten Turm – welcher ein gewölbtes Kupferdach trug – einiges her. Bei Bombenangriffen 1944 brannte das gesamte Bauwerk jedoch aus. Viele Friese, Wasserspeier und Giebelbilder wurden zerstört. Der mächtige Turm jedoch – samt Glockenspiel – überstand den Krieg fast unbeschadet. Trotzdem ist gerade dieser heute aus dem Stadtbild verschwunden. Der hintere Gebäudeteil und die Seitenflügel wurden vereinfacht wieder aufgebaut, für die Frontfassade entschied man sich jedoch bewusst für ***etwas Neues***. Die Architekten Schmohl und Stohrer entwarfen die schmucklose neue Marktplatzansicht. Lediglich der Turm sollte in den Neubau integriert werden. Dazu wurde sein Kupferdach jedoch gekappt und er gänzlich ummantelt.

VON MÄTRESSE & HERZOG

Drei Schlösser hat Stuttgart dem verschwenderischen Herzog Carl Eugen zu verdanken. Nachdem er das Neue Schloss in der Residenzstadt und Schloss Solitude errichten lassen hatte, gab der Herzog ein weiteres Prunkgebäude in Auftrag. Für seine Mätresse und spätere Gattin Franziska von Hohenheim ließ er 1772 – an gleichnamigem Ort – den Grundstein für ein kleines Wasserschloss legen. Jedoch wuchs das Interesse Carl Eugens an Hohenheim, und so ernannte er vier Jahre später das Schloss zur Sommerresidenz. Daher vergrößerte sich – weitere sechs Jahre später – nicht nur das Gebäude selbst enorm, auch das zeitgleich angelegte ***Englische Dörfle*** – ein Park mit seltenen ausländischen Gewächsen – wuchs und wuchs. 1793 verstarb Carl Eugen jedoch, daher wurden die Bauarbeiten an der weitläufigen Schlossanlage eingestellt. Erst rund 25 Jahre später ließ König Wilhelm I. den Schlossbau vollenden und siedelte dort eine Landwirtschaftliche Musteranstalt an, den Vorgänger der Universität Hohenheim.

VON KÖNIG & DIREKTOR

Dass die Wilhelma der einzige zoologisch-botanische Garten Deutschlands ist, wissen viele. Die Botanik kam auch nie zu kurz in der königlichen Parkanlage.

König Wilhelm I. ließ ein maurisches Landhaus mit Gewächshäusern und einem weitläufigen Park erbauen. Der zoologische Teil wurde ***ertrickst***. In den Nachkriegsjahren wollte der Direktor Albert Schöchle die Parkanlage neu beleben. Dazu organisierte er Ausstellungen mit Tieren. ***Große Aquarienschau, Afrikanische Steppentiere*** oder ***Indische Dschungeltiere*** waren beispielsweise Themen dieser Ereignisse. Nach jeder Ausstellung verblieben die Tiere in der Wilhelma. Den Bürgern gefiel das – dem Finanzministerium nicht. „Die wilden Tiere, haben aus der Wilhelma zu verschwinden!", forderten sie. Direktor Schöchle war schlau. Er suchte mit einem Löwenjungen Finanzminister Frank auf und bat ihn, das Tier zu taufen. Der Minister ging auf diese öffentlichkeitswirksame Aktion ein und sprach sogleich ein Machtwort als Minister. Der Zoo war geboren.

13

VON KÖNIGSKINDERN & PALAIS

Die Kinder König Wilhelms I. sollten eigene, standesgemäße Unterkünfte erhalten. Für seine beiden ältesten Töchter, Prinzessin Marie und Sophie, ließ er ein klassizistisches Palais entwerfen, das die Schwestern 1840 beziehen konnten. Das Gebäude – am heutigen Charlottenplatz gelegen – sollte fortan den Namen ***Prinzessinnenpalais*** tragen. Für seinen Sohn aus dritter Ehe, Karl, sollte eine noch stattlichere Unterkunft entstehen. Schließlich war Karl sein Thronfolger. So entstand genau in der Sichtachse des ***Prinzessinnenpalais*** das prächtige ***Kronprinzenpalais*** am Schlossplatz. 1850 war dieses Gebäude im Stil der römischen Hochrenaissance fertiggestellt. Den Krieg überstanden beide Wohnsitze der Königskinder nur schwer beschädigt. Lediglich die Fassaden blieben erhalten. Die Ruine des Kronprinzenpalais musste in den 1960er-Jahren für den Planie-Autotunnel (Kleiner Schlossplatz) weichen. Das Palais der Schwestern hatte mehr Glück. Es war bis zum Ende der Monarchie der Wohnsitz des letzten Königs und wurde daher in ***Wilhelmspalais*** umbenannt. Nach dem Krieg kam hier für Jahrzehnte die Stadtbücherei unter. Seine neueste Bestimmung ist es, das Stuttgarter Stadtmuseum zu beherbergen.

>> Das ***Mercedes-Benz Museum*** hat einen recht außergewöhnlichen Rekord gebrochen. Der „Größte künstliche Wirbelsturm der Welt" wurde im Museumsgebäude erzeugt und hat es damit ins ***Guiness Buch der Rekorde*** geschafft. Der 30 Meter hohe Tornado wird durch viele Düsen in den Seitenwänden und eine starke Abluftanlage in der Decke erzeugt. Er dient dem Brandschutz und soll so den Rauch möglichst schnell aus dem Gebäude entfernen. <<

VON BRETTSPIEL & ???

Die Siedler von Catan brachen ihre Reise zur Insel von Stuttgart aus an. Denn hier hat der ***Franckh-Kosmos Verlag*** seinen Hauptsitz, bei dem 1995 das viel prämierte Brettspiel erschien. Gesellschaftsspiele waren bis dahin jedoch kein großes Thema bei ***KOSMOS***. 1822 von den Gebrüdern Franckh gegründet, war die Franckh'sche Verlagshandlung vor allem auf Belletristik ausgerichtet. Jungen, noch unbekannten schwäbischen Autoren, wie Wilhelm Hauff und Eduard Mörike, nahmen sich die Brüder an und förderten sie. Nach dem Tod der Franckhs übernahmen die Freunde Nehmann und Keller den Verlag und konzentrierten sich Anfang des 20. Jahrhunderts auf naturwissenschaftliche und naturkundliche Publikationen. So erschien ab 1904 auch die Zeitschrift ***Kosmos*** als leicht verständliche Infolektüre zu diesen Themen. Kinder- und Jugendliteratur wurde im Verlag eingeführt und mit ihr die heute bekannten Experimentierkästen. In den 1960ern stießen auch noch die ***Drei ???*** zu KOSMOS. Schließlich machten ***Die Siedler*** den Verlag im Spielebereich ebenfalls berühmt. Der Autor des Erfolgsspiels – Klaus Teuber – gründete daraufhin mit einem Partner die ***TM-Spiele GmbH***, die ebenfalls in Stuttgart ihren Hauptsitz hat.

VON REGENWALD & SCHLOSSGARTEN

Morgens und abends kreischt es von S-Ost bis nach Bad Cannstatt. Unwissende reiben sich die Augen, wenn sie einen grünen Vogel mit gelbem Kopf im Baum sitzen sehen.

1984 tauchte erstmals ein Exemplar dieser Gelbkopfamazonen – einer Papageienart – in der Wilhelma auf, jedoch nicht in einem Käfig, sondern darauf! Der Vogel war zu Besuch. Wohl aus Privathaltung entflohen, besuchte der Papagei seine Artgenossen. Vermutlich hatte ein Pfleger der Wilhelma Mitleid mit dem einsamen Tier, besorgte ein weiteres (zufällig vom anderen Geschlecht) und setzte es aus. Die Vögel vermehrten sich fleißig. 1986 wurde die Papageienfamilie mit fünf Sprösslingen gesichtet. Vor allem im Rosenstein- und im Kurpark fühlen die Vögel sich zu Hause. Sie fressen, was ihnen vor den Schnabel kommt: Ahornrinde, Zwetschge, Eibensamen. Geschlafen wird unter anderem in den Platanen im Zentrum Bad Cannstatts und in S-Ost. Wie die Tropenvögel hier einen Winter nach dem anderen überleben, ist selbst der Fachwelt ein Rätsel.

Über 40 Gelbkopfamazonen flattern inzwischen über Stuttgart. Damit ist es die größte Population dieser Gattung außerhalb der Regenwälder Südamerikas.

>> Stuttgart wurde durch die Bombardements im Zweiten Weltkrieg zu rund 45 Prozent zerstört. Vor allem die Innenstadt im Kessel lag in Trümmern. Bis zu 1,5 Millionen Kubikmeter Gebäudetrümmer wurden von dort hinauf auf den Birkenkopf im Westen gekarrt. Der Berg wuchs dadurch künstlich um 40 Meter an. Auf der Spitze dieses Trümmerberges – im Volksmund seither ***Monte Scherbelino*** genannt – sind bis heute noch verzierte Gebäudereste zu finden. <<

VON BRASILIEN & LAUFFEN

Einen herben Schlag musste die Stadt Lauffen am Neckar im Zweiten Weltkrieg hinnehmen – und Stuttgart war daran schuld. Als klar war, dass alle deutschen Großstädte von den Alliierten Luftangriffe zu erwarten hatten, trafen die Nationalsozialisten eine Entscheidung. In 35 Kilometern Entfernung errichteten sie eine Ablenkung für die Flugzeuge. Unter dem Tarnnamen „Brasilien" wurden 1940 in einem Feld unweit von Lauffen die Umrisse des Stuttgarter Hauptbahnhofes aus Holz und Ziegelsteinen nachgebildet. An Stangen aufgehängte Lampen sollten die Gleisanlagen und ausgelegte Strohballen ein Straßennetz vortäuschen. Künstliche Lichtblitze simulierten Straßenbahnen. Das Feld wurde wegen seiner Lage am Neckar ausgewählt, da dieser hier eine ähnliche Schlinge zog wie in Bad Cannstatt. Man besetzte 50 Flakstellungen und 30 Scheinwerferstände, um den Schein zu erwecken, hier handele es sich um ein bedeutsames Ziel. Tatsächlich konnte ***Brasilien*** rund zwei Jahre lang viele Luftangriffe auf sich ziehen, bis sich die Alliierten schließlich durch das Radar nicht mehr täuschen ließen. Durch die unmittelbare Nähe zur Scheinanlage wurde auch Lauffen 37-mal direkt bombardiert, und die Einwohner fühlten sich als Bauernopfer zugunsten Stuttgarts.

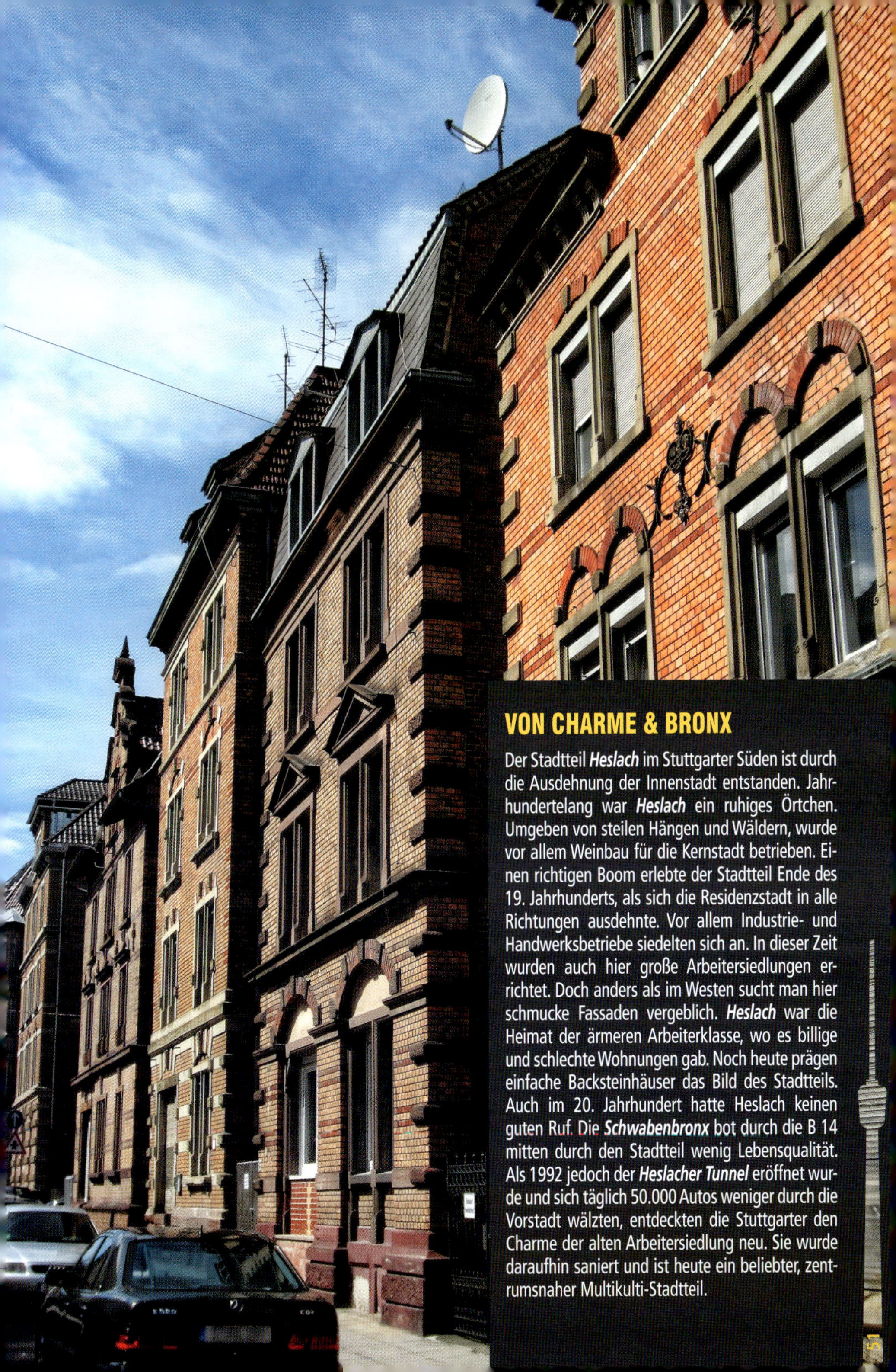

VON CHARME & BRONX

Der Stadtteil ***Heslach*** im Stuttgarter Süden ist durch die Ausdehnung der Innenstadt entstanden. Jahrhundertelang war ***Heslach*** ein ruhiges Örtchen. Umgeben von steilen Hängen und Wäldern, wurde vor allem Weinbau für die Kernstadt betrieben. Einen richtigen Boom erlebte der Stadtteil Ende des 19. Jahrhunderts, als sich die Residenzstadt in alle Richtungen ausdehnte. Vor allem Industrie- und Handwerksbetriebe siedelten sich an. In dieser Zeit wurden auch hier große Arbeitersiedlungen errichtet. Doch anders als im Westen sucht man hier schmucke Fassaden vergeblich. ***Heslach*** war die Heimat der ärmeren Arbeiterklasse, wo es billige und schlechte Wohnungen gab. Noch heute prägen einfache Backsteinhäuser das Bild des Stadtteils. Auch im 20. Jahrhundert hatte Heslach keinen guten Ruf. Die ***Schwabenbronx*** bot durch die B 14 mitten durch den Stadtteil wenig Lebensqualität. Als 1992 jedoch der ***Heslacher Tunnel*** eröffnet wurde und sich täglich 50.000 Autos weniger durch die Vorstadt wälzten, entdeckten die Stuttgarter den Charme der alten Arbeitersiedlung neu. Sie wurde daraufhin saniert und ist heute ein beliebter, zentrumsnaher Multikulti-Stadtteil.

VON LEUZE & URUGUAY

Gelb, Rot, Blau, Weiß und Schwarz. Überall im Stadtgebiet sind die Werke eines Stuttgarter Malers und Bildhauers zu sehen. Otto Herbert Hajek studierte von 1947 bis 1954 Bildhauerei an der ***Staatlichen Akademie der Bildenden Künste*** in Stuttgart. Dieser Ausbildung folgten viele Werke im öffentlichen Raum. Sein wohl bekanntestes ist die Gestaltung des Mineralbads Leuze. Auch unweit des Bads sticht ein Werk Hajeks ins Auge: Ein riesiges farbenfrohes Wandrelief ziert die Fassade des SWR-Hochhauses. Bekannte Skulpturen des Künstlers – bunt bemalt aus Beton und Stahl – sind beispielsweise das ***Stadtzeichen, 1969/1974*** auf der Theodor-Heuss-Straße oder die ***Raumbewegung 76/86 II*** auf dem Moltkeplatz im Westen. Sein Wohnhaus an der Hasenbergsteige in demselben Bezirk, in dem er bis zu seinem Tod 2005 lebte, ist ebenfalls unschwer als seine Heimat zu erkennen. Der angegliederte Skulpturengarten ist frei zugänglich. Auch in deutschen Städten wie München, Berlin, Bonn und Saarbrücken, ja sogar in Australien und Uruguay, findet man Hajeks Kunstwerke.

VON LITERATUR & KAUTION

Im Hinterhof einer Legionskaserne an der Tübinger Straße eröffnete 1897 der Verein ***Volksbibliothek Stuttgart*** eine gleichnamige Bücherhalle. Vor allem sollte die Volksbibliothek eine Ergänzung zu den bestehenden Bücherhallen sein – mit längeren Öffnungszeiten und ohne hohe Bürgschaften oder Kaution. So wurde es endlich auch Arbeitern, Handwerkern und Angestellten möglich, Literatur zu entleihen. Die Kaserne war jedoch nur ein Provisorium. Da sie baufällig war und bald abgerissen werden sollte, wurde bis 1901 in der Silberburgstraße ein Neubau errichtet. Von nun an leistete auch die Stadt Stuttgart ihren jährlichen finanziellen Beitrag, ebenso der König von Württemberg. Nach der Zerstörung der Bibliothek in den 1940er-Jahren konnte der Verein den Wiederaufbau nicht allein stemmen. 1965 zog unter der Regie der Stadt Stuttgart die Stadtbücherei in das wiederaufgebaute Wilhelmspalais am Charlottenplatz ein. Dort verblieb die Büchersammlung bis 2011, bis sie unter dem Namen ***Stadtbibliothek*** in den würfelförmigen Neubau am Mailänder Platz weiterzog.

>> Die amerikanischen Truppen hatten nach ihrer Niederlassung in Stuttgart das Opernhaus für sich entdeckt. Jedoch nicht für kulturelle Zwecke. Sie richteten hier ihren ***PX Club*** ein, in dem sie ihre Freizeit verbrachten und unter anderem Pingpong spielten. <<

VON CASINO & ZAUBERSCHLAF

Als Bad Cannstatt noch ein bekannter Kurort war, wünschte sich die Stadt ein Casino. Der König war bestrebt, den Kurort zu fördern, doch erhielt Cannstatt stattdessen ein schmuckes Kurtheater, das sich äußerlich an den Formen der Renaissance orientierte. Es sollte jedoch nicht in der Innenstadt oder beim Kursaal entstehen, sondern auf der anderen Seite des Neckars, wo auch der Bau des königlichen Gartens ***Wilhelma*** geplant war. Das gleichnamige Theater war sowohl den Cannstattern als auch den Stuttgartern zu weit weg vom Schuss, und so wurde es nicht sehr lange bespielt. Zur Einweihung 1840 wurde die Ballettpantomime ***Der Zauberschlaf*** aufgeführt, was im Nachhinein betrachtet wohl ein Vorbote des Schicksals war. Stand das Theater doch in seiner über 170-jährigen Geschichte fast 110 Jahre leer. Erst in den 1980er-Jahren wurde das heruntergekommene Gebäude von Lothar Späth und einem Förderverein vor dem Abriss bewahrt. Im Originalzustand rekonstruiert, wird das ***Wilhelma-Theater*** heute vor allem von der ***Hochschule für Musik und Darstellende Kunst*** als Lern- und Lehrtheater genutzt und von ihr mit Schauspiel, Oper, Tanz und Konzerten bespielt.

14

VON LUFTSCHIFF & HOTEL

Zur Eröffnung des ***Zeppelinbaus*** 1931 flog ein Luftschiff über das Gebäude und warf Blumen auf die feiernden Gäste. Das Hotel im Neubau galt seinerzeit als das modernste Süddeutschlands. Paul Bonatz, der Architekt des Hauptbahnhofs schräg gegenüber, hatte auch dieses Gebäude entworfen. Mit seinen kubischen Formen, dem Flachdach und dem vorkragenden Fensterband im ersten Stock wäre der Zeppelinbau ein Paradebeispiel für das Bauen der ***Neuen Sachlichkeit***. Einzig die Verkleidung der Fassade mit gelblichen Muschelkalkplatten ist hierfür untypisch.

Seinen Namen verdankt das Gebäude dem berühmten Luftschiffbauer Ferdinand Graf von Zeppelin. Vom Leutnant bis zum Oberst diente der Graf auch in der württembergischen Armee dem Königreich. Seine letzte Ruhestätte fand er daher auf dem Stuttgarter Pragfriedhof. Noch heute beherbergt das Gebäude ein Hotel. Unter dem Namen ***Graf Zeppelin*** führt die Nobelhotelkette ***Steigenberger*** die Tradition und das Gedenken an den Ehrenbürger Stuttgarts fort.

VON LUSTHAUS & NORD

Das ***Stuttgarter Staatstheater*** ist das größte Dreispartentheater Europas. Opern, Ballett- und Schauspielaufführungen finden in verschiedenen Spielstätten statt. Die Haupthäuser befinden sich im Oberen Schlossgarten. 1912 wurde das klassizistische Doppeltheater aus ***Großem*** und ***Kleinem Haus*** eingeweiht. Der kleinere Theatersaal wurde jedoch im Krieg zerstört und durch einen Neubau in den 1960er-Jahren ersetzt. Um die beiden miteinander verbundenen Gebäude klarer durch ihre Nutzung zu unterscheiden, wurden sie 2001 umbenannt. Das große Haus wurde zum Opernhaus, das kleine zum Schauspielhaus. Die dritte Bühne ist das Kammertheater vis-à-vis der Oper. Das Gebäude des Architekten James Stirling wurde in den 1980er-Jahren erbaut und schließt direkt an die Neue Staatsgalerie an. Das ***Nord*** am Löwentor ergänzt das Staatstheater mit seiner Probenbühne. Oper, Ballett und Schauspiel haben in Stuttgart eine lange Tradition und fanden schon im 17. Jahrhundert im ***Neuen Lusthaus*** statt. Mehrfache Auszeichnungen für den Chor, das Schauspiel, der Titel ***Oper des Jahres*** sowie das weltbekannte Stuttgarter Ballett brachten dem Dreispartentheater internationalen Ruhm.

>> Das ***Tunzhofer Tor*** am Schillerplatz war Teil der ersten Stadtbefestigung ab 1220. Neben diesem entstanden später die ***Alte Kanzlei*** und der ***Prinzenbau***. 1710 sollte die Baulücke zwischen den Gebäuden geschlossen werden. Das mittelalterliche Tor in Richtung Königstraße wurde überbaut. Dieser ***Kanzleibogen*** ist somit in gewisser Weise das einzige noch erhaltene Stadttor.<<

VON NECKAR & GLEISEN

Der Neckar gehört leider kaum zum bekannten Stadtbild Stuttgarts und damit ebenso wenig der Stuttgarter Neckarhafen. Versteckt hinter Industriegebieten, Bundesstraße und zwischen Bahngleisen, nimmt er eine Fläche von rund 99 Hektar ein. Zwischen Ober- und Untertürkheim sowie von Wangen bis Hedelfingen erstreckt sich das Hafengelände, dessen Einfahrt sich auf Höhe Neckar-Kilometer 186,693 befindet. Eingeweiht im Jahre 1958 von Bundespräsident Theodor Heuss, diente er damals vor allem dem Transport von Massengütern wie Kohle, Kies und Sand. Heute wird er in erster Linie für die Anlieferung von Rohstoffen genutzt, die in der Region verarbeitet werden, um schließlich als fertige Güter wieder abtransportiert zu werden. Hierzu ist der Hafen trimodal vernetzt. Das heißt, der Wasserweg wird ergänzt durch eine Anbindung an das Straßen- und Schienennetz. Vom Wasser auf das Gleis werden hier jährlich über drei Millionen Tonnen Güter umgeschlagen, die auf 1.000 Schiffen und 53.000 Eisenbahnwagen an- und abreisen. In nur 52 Stunden erreichen die Binnenschiffe – beladen mit der kostbaren schwäbischen Fracht – über Neckar und Rhein die großen Häfen Rotterdam und Antwerpen und von dort die Häfen in aller Welt.

VON PFERDEMARKT & REISEBUS

Der Stuttgarter Weihnachtsmarkt ist mit seinen rund 280 Ständen nicht nur einer der größten, sondern auch einer der ältesten Weihnachtsmärkte in ganz Europa. Passend zur Stuttgarter Geschichte, hat sich um circa 1500 aus einem Pferdemarkt nach und nach ein ***Christkindleinmarkt*** entwickelt. Zunächst Mitte November veranstaltet, rückte dieser Jahr für Jahr näher an Weihnachten heran. Die erste urkundliche Erwähnung als ***Jahrmarkt*** fand erst 1692 statt. Weitere 100 Jahre später wurde der Viehhandel eingestellt und durch unterhaltsamere Gaukler, Zauberer und Seiltänzer ersetzt. Zur Hochzeit drängten sich rund 1.200 Händler auf den Marktplatz. Seine enorme Ausbreitung begann erst in den 1970er-Jahren. Der Budenzauber dehnte sich vom Marktplatz bis zum Schillerplatz und weiter um das Alte Schloss herum aus. Selbst der Karlsplatz, die Planie und der Schlossplatz werden heute teilweise dem Weihnachtsmarkt zugeschlagen. Bis zu vier Millionen Besucher aus dem In- und Ausland strömen jährlich zur Vorweihnachtszeit in die Stadt. Rund 4.500 Reisebusse, vor allem aus der Schweiz, Italien, Ungarn und Österreich, steuern dann die Landeshauptstadt an.

VON MICKY MAUS & BIBEL

Die ***Württembergische Landesbibliothek*** an der Kulturmeile erfüllt die verschiedensten Aufgaben. Zusammen mit der BLB in Karlsruhe ist sie die Regionalbibliothek des Landes Baden-Württemberg und mit über 5,7 Millionen Medieneinheiten die größte Bibliothek im Land. Die hiesige Bibliothek betreut speziell die Regierungsbezirke Stuttgart und Tübingen. Des Weiteren dient sie auch als Universitätsbibliothek, vor allem im Bereich der Geisteswissenschaften. Der beeindruckendste Bestand im riesigen Archiv der WLB ist die Bibelsammlung. Mehr als 19.000 Bibeln sind in ihrem Besitz. Mit dieser Masse und mit besonders seltenen Exemplaren besitzt sie nach der ***British Library*** die bedeutendste Bibelsammlung weltweit. Außerdem ist die ***LaBi*** eine sogenannte ***Archivbibliothek***. Durch das gesetzlich geregelte ***Pflichtexemplarrecht*** muss jeder Verleger in Baden-Württemberg eine Ausgabe seiner gedruckten Werke der WLB überlassen; diese ist wiederum verpflichtet, die Bücher zu archivieren. So befinden sich im Stuttgarter Haus auch Hunderte ***Micky Maus-Heftchen*** des Ehapa-Verlags im Archiv, da dieser lange auf den Fildern ansässig war. Selbst der ***Unnützes Stuttgartwissen Kalender*** und dieses Buch liegen im Magazin der WLB.

VON MÜLL & BERLIN

An einer unwirtlichen Stelle des Bezirks Münster steht ein Stück Geschichte in Reih und Glied. Im Komplex des ***Kraftwerks Münster*** eingebunden, erheben sich 14 monumentale Säulen. Zwischen zwei Überbrückungen der Straße reihen sie sich entlang dieser auf und bieten ein sonderbares Bild. Bestellt wurden die Säulen aus Travertin – einer Kalksteinart – 1936 für die Stadt Berlin beim Steinbruch Lauster. Sie waren als Teil eines gewaltigen Mussolini-Denkmals in der neuen Hauptstadt ***Germania*** gedacht. Da die ***Welthauptstadt*** bekanntlich nie verwirklicht wurde, stehen sie nun schließlich – umgeben von einer Müllverbrennungsanlage – hier in Münster: bestellt und niemals abgeholt.

QUICKIE

>> 32 Meter reckt sich das Werk des Künstlers Max Bill vor dem ***Mercedes-Benz Center*** gen Himmel. Die drei schmalen Säulen repräsentieren den neunteiligen Farbkreis, jede mit einem anderen Farbwert beginnend. Da sich die Skulptur mit dem sperrigen Titel ***Bildsäulen-Dreiergruppe*** im Besitz der Daimler Kunstsammlung befindet, überrascht es wenig, dass das Werk in seinem Grundriss Bezug auf den Mercedes-Stern nimmt. <<

VON MINERALBÄDERN & SEELÖWEN

Es sprudelt unter den Füßen der Stuttgarter. Rund 44 Millionen Liter Mineralwasser bahnen sich täglich ihren Weg an die Oberfläche. Neben Mineralwasser erschließen 19 Brunnen Solen, Säuerlinge und sogar Thermalwasser. Und das nicht zu knapp. Nach Budapest hat Stuttgart das zweitgrößte Mineralwasservorkommen Europas. Es verwundert fast, dass es im Stadtgebiet nur drei Mineralbäder gibt. Denn selbst die Römer wussten schon, das belebende Nass in Cannstatt zu würdigen. Doch nicht nur der Mensch soll ein prickelndes ***Champagnerbad*** bekommen, selbst die Seelöwen in der Wilhelma schwimmen im Cannstatter Mineralwasser. Traurig fast, dass über die Hälfte des wertvollen Wassers still und heimlich in den Neckar fließt.

VON NAMEN & STRÄUCHERN

Der ***Erwin-Schoettle-Platz*** – benannt nach dem Politiker und Mitbegründer der ***Stuttgarter Nachrichten*** – ist der lebendigste Treffpunkt der Heslacher. Der schöne Platz trägt sein historisches Gesicht seit Ende des 19. Jahrhunderts, als die Kernstadt sich in Richtung Süden weiter ausdehnte. In dieser Zeit entstanden auch das markante ***Alte Feuerwehrhaus*** und die ***Matthäuskirche***. Ende der 1990er-Jahre wurde der Platz großzügiger und urbaner gestaltet. Es entstand das Generationenhaus mit Café und Läden. Die vielen Feste und die Boulespieler – welche immer präsent zu sein scheinen – tragen zur Belebung des zentralen Platzes in Heslach bei. Der Name des Stadtteils selbst geht wohl auf den ***Haselstrauch*** zurück. Diese Sträucher waren häufig an den Ufern des ***Nesenbachs*** zu finden. Zu König Karls 25-jährigem Kronjubiläum wurde Heslach in ***Karlsvorstadt*** umbenannt. Diesen Namen trug der Stadtteil bis 1935, als man im Zuge der neuen politischen Gesinnung diesen wieder abschaffte.

16

VON GARTENSCHAU & PEST

Versteckt hinter einem Hotelkomplex und der Liederhalle befindet sich der Hoppenlau-Friedhof, der älteste noch erhaltene Friedhof Stuttgarts. 1626 wurde er hier zur Pestzeit als Spitalfriedhof angelegt. Hier befindet sich auch der erste jüdische Friedhof Württembergs, der an einen Stadtfriedhof angegliedert wurde. Große Geister wie Wilhelm Hauff, Gustav Schwab oder Johann Heinrich von Dannecker liegen hier begraben. Erst 200 Jahre später erhielt der Friedhof – benannt nach einem Wäldchen – seinen aktuellen Namen. Die letzte Erdbestattung fand hier 1880 statt, und 1951 wurde schließlich mit der letzten Urnenbestattung der Friedhofsbetrieb eingestellt. Über 7.000 Gräber zählte die Anlage seinerzeit, bis schließlich noch in den 1950er-Jahren seine erste Verkleinerung begann. Ein Wohnhochhaus wurde hier – ohne Einspruch des Denkmalschutzes – auf dem ältesten Teil des Friedhofs erbaut. Zur Bundesgartenschau 1961 wurden schließlich die meisten Grabsteine von ihrem ursprünglichen Platz entfernt, um sie in eine ***ansprechende*** Ordnung zu bringen, sowie Brunnen und Skulpturen der 1960er-Jahre im neuen Park integriert.

QUICKIE

>> Die im Jugendstil erbaute ***Markuskirche*** – eine Seltenheit im deutschen Sakralbau – war eines der ersten in Stahlbeton ausgeführten Gotteshäuser und somit bedeutend in der Baugeschichte des 20. Jahrhunderts. Der Jugendstil ist vor allem durch eine Anzahl an Ornamenten erkennbar. Jedoch bediente sich der Architekt der verschiedensten Baustile, wie dem Spätbarock, romanischen Elementen oder der Renaissance. <<

VON GÖTTIN & LIEBESPAAR

17

Einer der bedeutendsten Jugendstilbrunnen Deutschlands ist mit einer traurigen Geschichte verbunden. Der Bildhauer Karl Donndorf schuf den ***Schicksalsbrunnen*** 1914 zum Gedenken an die beliebte Opernsängerin Anna Sutter, die vier Jahre zuvor in Stuttgart ermordet worden war. Der Hofkapellmeister Aloys Obrist trank sich an jenem Tag in einer Gaststätte Mut an, besorgte noch einen Blumenstrauß und ging zur Wohnung Sutters. Er verschaffte sich dort gegen den Willen des Hausmädchens Zugang und fand die Kammersängerin in ihrem Schlafzimmer vor. Anna Sutter hatte zwei Jahre lang eine Beziehung mit Obrist geführt, diese aber bereits beendet. Mit zwei Pistolenschüssen tötete der Hofkapellmeister sie und anschließend sich selbst. Der Brunnen (heute links neben der Oper) symbolisiert, wie das Schicksal unser Leben bestimmt. Freude und Leid werden zur Rechten und Linken des Brunnens durch ein Liebespaar dargestellt. In der Mitte sitzt die Schicksalsgöttin, die in ihren geschlossenen Händen das menschliche Schicksal verborgen hält.

VON OBEN & UNTEN

Stuttgart liegt am Nesenbach und nicht am Neckar. Aber wo bitte ist dieser Bach? In Stuttgart-Vaihingen entspringt das Bächle und fließt über Kaltental hinunter in die Stadt. Nur hier fließt der Nesenbach noch an der Oberfläche. Vor Heslach verschwindet er schließlich im Untergrund. Und genau genommen endet hier sogar der Bach an sich, denn die Röhre, in die er fließt, ist ein sogenannter ***Hauptsammler.*** In diesen fließen auf seinem unterirdischen Verlauf durch den Talkessel auch Abwasser und Regenwasser. Das heißt schlicht und einfach: Der Nesenbach ist ab Heslach ein Abwasserkanal. Verschmutzung und Überflutungsgefahr führten schon früh zu seiner Überdeckelung. Ab den 1890er-Jahren war der Bach im gesamten Talkessel verschwunden und gehört heute nur noch namentlich (Nesenbachstraße) ins Stadtbild.

Ein Kuriosum auf seinem Verlauf: Der Nesenbachkanal führt mitten durch das Kaufhaus Breuninger, zwischen Mittelbau und Hochhaus fährt man mit der Rolltreppe unter ihm hindurch.

VON OLGA & WERA

Es wurde gerade erst mit dem Bau des Wohnsitzes für den zukünftigen König Karl I. – dem ***Kronprinzenpalais*** – begonnen, als dieser sich schon über sein Landhaus Gedanken machte. Begeistert von italienischen Renaissancebauten, wollte er eine Villa in diesem Stil auch am Rande Stuttgarts erbauen lassen. Mit Sicht auf den Sommersitz des Vaters – dem ***Schloss Rosenstein*** – fand er quasi vis-à-vis auf einem ehemaligen Weinberg den passenden Standort. Dank der Mitgift seiner Gattin – der russischen Zarentochter Olga – war bei ***Berg*** ein prächtig ausgestattetes Gebäude entstanden, mit eigener Orangerie und weitläufiger Parkanlage. 1853 konnte die Villa Berg eingeweiht werden. Nach dem Tod Königin Olgas zog ihre Adoptivtochter Wera in die Villa ein und nutzte sie als Witwensitz. Nach dem Krieg vereinfacht wieder aufgebaut, nutzte der ***SDR*** das Gebäude mit großem Sendesaal und breitete sich mit Betonbauten im historischen Park aus. Die Villa Berg liegt heute verwaist wie im Dornröschenschlaf und wartet nur darauf, endlich wieder erweckt zu werden.

VON ANKER & DIODEN

Eine der größten Leuchtreklamen der Welt hängt über der A 8. Der Schriftzug am Bosch-Parkhaus misst 55 Meter Breite und acht Meter Höhe. Das Logo – der Zündanker – hat sogar einen Durchmesser von zwölf Metern und wiegt allein schon zwölf Tonnen. 18.000 weiße und rote Leuchtdioden werben für die heimische Firma am Messeparkhaus. Nach dem unbeleuchteten Hollywood Sign ist es sogar der weltweit zweitgrößte Schriftzug.

VON ALEMANNEN & GASTARBEITERN

Mit den Türken haben die Neckarvororte ***Ober- und Untertürkheim*** nichts zu tun. Auch wurde an den beiden Bezirken nichts ***getürkt***. Die Städtchen gab es Jahrhunderte vor den ersten Gastarbeitern. So geht der Name entweder auf den Alemannenkönig ***Durinkhain*** zurück oder – wahrscheinlicher – auf eine Ansiedlung von Thüringern am Neckar. Auch andernorts haben solche Umsiedlungen in Städtenamen ihre Spuren hinterlassen. Die Franken ließen seinerzeit Menschen aus Sachsen und Thüringen bis weit in den Süden hinunter umsiedeln. Auch Ortsnamen wie ***Sachsenheim*** oder ***Bad Dürkheim*** gehen auf diese Episode der Geschichte zurück.

VON KAMPFBAHN & ARENA

Fast 80 Jahre hat das Stadion im ***NeckarPark*** auf dem Buckel. 1929 wurde mit dem Bau der ***Kampfbahn*** begonnen, die von Paul Bonatz – Architekt des Hauptbahnhofs – entworfen wurde. Zur Einweihung 1933 wurde das Bauwerk in ***Adolf-Hitler-Kampfbahn*** umbenannt. Nach dem Ende des Krieges verschwand auch der Name des Diktators. Die US-Besatzung nutzte fortan die Bezeichnung ***Century-Stadium***, wenig später ***Century-Kampfbahn***. 1949 sollte auch der Kampf endgültig aus dem Namen verschwinden, und so war der neue Schriftzug ***Neckarstadion*** für über 40 Jahre an dem Bauwerk zu lesen. Für läppische zehn Millionen DM erwarb die Daimler-Benz AG die Namensrechte am Stadion auf unbestimmte Zeit und taufte es ab 1993 in ***Gottlieb-Daimler-Stadion*** um. Dieses Recht galt auch 2008 weiter, als die Daimler AG anlässlich des letzten großen Umbaus zu einem reinen Fußballstadion den Namen auf freiwilliger Basis zu ***Mercedes-Benz Arena*** ändern ließ. Noch öfter als den Namen wechselte das Stadion aber in vielen Um- und Ausbauten seine Optik. 1933 fasste es 35.000 Zuschauer, in seiner Hochzeit sahen über 100.000 Menschen ein Fußballspiel! Heute bietet die Arena den Fans genau 60.441 Plätze.

18

VON KOHLE & GETREIDE

Das Alte Schloss hatte nach über 600-jähriger Geschichte in der Mitte des 20. Jahrhunderts eine Pechsträhne. Im Dezember 1931 brach im Dürnitzbau – dem ältesten Teil des Schlosses – ein Feuer aus. Da unter dem Dach die Kohlevorräte lagerten und die Zwischenböden mit Getreidespelzen gefüllt waren, verwundert es nicht, dass sich der Brand schnell ausbreitete. Die Feuerwehr benötigte zwei ganze Tage, um der Lage Herr zu werden. Der komplette Schlosstrakt in Richtung Karlsplatz brannte bis zum Erdgeschoss aus. Der Wiederaufbau dauerte bis in die Kriegsjahre hinein, und noch ehe dieser beendet werden konnte, wurde das Alte Schloss bei Luftangriffen 1944 schwer beschädigt und brannte nun fast gänzlich aus. Abermals begann man mit dem Aufbau des historischen Gebäudes. Auch diesmal zogen sich die Bauarbeiten hin und konnten erst nach rund 25 Jahren beendet werden. Die Brandkatastrophen hatten jedoch einen Teil des Schlosses nie betroffen: Die Schlosskirche aus dem 16. Jahrhundert konnte beide Brände unbeschadet überstehen.

VON OPER & TIEFGARAGE

Was nicht zerstört wurde, das zerstören wir selbst. So oder ähnlich muss das Denken der Lokalpolitik in Stuttgart in der Nachkriegszeit gewesen sein. So wurde etwa das ***Große Haus*** – die Staatsoper – im Bombenhagel nicht getroffen. 1956 ***modernisierte*** man das historische Gebäude im Inneren. So ließ man beispielsweise jeglichen Stuck im Saal verschwinden und opferte durch die neue Gestaltung sogar die gute Akustik. Rund 30 Jahre später besann man sich jedoch wieder, stellte erfreut fest, dass die Stuckdecken und Ornamente lediglich verdeckt, nicht aber zerstört worden waren, und rekonstruierte den Saal originalgetreu. Der ***Moderne*** opferte man auch das historische Aussehen des Oberen Schlossgartens. Zur Bundesgartenschau 1961 wurde aus dem ovalen Opernsee ein eckiger, und der Rosengarten am Neuen Schloss musste Waschbetonplatten weichen. Einen besonderen Verlust erlitt man am Schillerplatz. 1972 ließ man an dieser Stelle – wo um die Mitte des 10. Jahrhunderts die Stadtgeschichte begann – den Bau einer Tiefgarage zu. Es wurden keine archäologischen Ausgrabungen angestrebt. Ein Jahrtausend Stadtgeschichte wurde somit als Aushub einer Baugrube für immer beseitigt.

VON PAPST & SISI

Der ***Charlottenplatz*** trägt den Namen einer ungeliebten Prinzessin. Zumindest für Kronprinz Wilhelm war die Vermählung mit Charlotte Auguste Karoline von Bayern 1808 eine reine Zweckehe. Nach knapp sieben Jahren wurde diese wegen „gegenseitiger unüberwindlicher Abneigung" durch den Papst wieder geschieden. Der Vater Wilhelms – König Friedrich – schätzte seine Schwiegertochter jedoch sehr. Daher benannte dieser 1811 den Platz vor dem Waisenhaus und eine Straße, die er wenige Jahre zuvor hatte neu anlegen lassen, nach ihr. Charlotte war die Halbschwester von Ludovika Wilhelmine, der Mutter von ***Sisi***. Wie ihre Nichte fast 40 Jahre später, heiratete auch Charlotte schließlich ins österreichische Kaiserhaus ein. Sie verließ Stuttgart frustriert und nahm im Zeichen eines Neuanfangs sogar eine Namensänderung vor. Als Karoline Auguste wurde sie 1816 die Gattin von Franz I. und somit Kaiserin von Österreich.

>> Neben dem ***Schellenturm*** im Bohnenviertel gibt es ein weiteres Überbleibsel der historischen Stadtbefestigung aus dem 16. Jahrhundert. Die Überreste eines Rundturmes mussten beim Bau der U-Bahn 1968 in der Torstraße abgetragen werden. Sie wurden nach Beendigung der Bauarbeiten in der Nähe, am Wilhelmsplatz, als Brunnenanlage wieder aufgebaut. <<

20

VON LOKAL & INTERNATIONAL

Im Jahr 1900 eröffnete das ***Friedrichsbau Theater*** im gleichnamigen Jugendstilgebäude. Internationale Persönlichkeiten wie Josephine Baker, Grock oder Karl Valentin traten hier ebenso auf wie lokale Prominenz. Oscar Heiler und Willy Reichert waren regelmäßig in ihren Paraderollen als ***Häberle und Pfleiderer*** auf der Bühne zu sehen. Letzterer übernahm 1933 sogar die künstlerische Leitung des Theaters. Das Varieté erlangte in Deutschland schnell einen hervorragenden Ruf. Doch infolge des Krieges wurde der Theaterbetrieb 1943 schließlich eingestellt. Das Gebäude selbst brannte ein Jahr später gänzlich aus und wurde in den 1950er-Jahren abgerissen. Erst Anfang der 1990er entstand an selber Stelle wieder ein großer Komplex mit dem Namen ***Friedrichsbau***, dem ein auffälliges, zylindrisches Gebäude vorgelagert wurde. Hier sollte ab 1994 die Geschichte des Varietés in Stuttgart fortgeführt werden. Das Stuttgarter Theater gehört wieder zu den renommiertesten Varietébühnen Deutschlands. Nach 20 Jahren im Friedrichsbau wird das Varieté jedoch seinen alten Standort aufgeben müssen.

21

VON MANEGE & LAGERRAUM

Versteckt hinter dem ***Bosch-Areal*** befindet sich ein Schmuckstück der Stadt: die ***Alte Reithalle***. Sie wurde bis 1888 zur Förderung des städtischen Pferdemarktes erbaut. Die Halle war jedoch nicht nur dem Reitzweck vorbehalten. Auch Ausstellungen, Zirkus- und Operettenvorführungen fanden hier statt, was das Gebäude zu einer Art ***Allzweckhalle*** machte. Dem aus Sand- und Backstein bestehenden Gebäude ist äußerlich kaum anzusehen, welche Besonderheit sich im Inneren verbirgt. Die ovale Manege mit ihrer umlaufenden Galerie wird von einer Dachkonstruktion aus eisernen Fachwerkträgern überspannt. Der Glanz der Reithalle verblasste, als sie nach dem Krieg leicht vereinfacht zwar wieder aufgebaut wurde, dem Land jedoch nur als einfacher Lagerraum diente. Erst mit der Renovierung in den 1990er-Jahren fand die ***Alte Reithalle*** zurück ins kulturelle Leben Stuttgarts. Sie wurde dem benachbarten Hotelkomplex angegliedert, dem sie seither als Bankettsaal und für die verschiedensten Veranstaltungen dient.

VON RAF & OB

Die RAF-Terroristen Andreas Baader, Gudrun Ensslin und Jan-Carl Raspe liegen auf dem Dornhaldenfriedhof in Degerloch begraben. Nachdem diese 1977 in der JVA in Stammheim Selbstmord begangen hatten, folgte eine hitzige Diskussion um ihre Beisetzung. Trotz großer Proteste gestattete der Stuttgarter OB Manfred Rommel, die RAF-Mitglieder auf einem Stuttgarter Friedhof beisetzen zu lassen. Der redegewandte Oberbürgermeister wusste die Situation zu entkrampfen, indem er sagte: „Nach dem Tod muss die Feindschaft enden." Daher wurde auch 1999 mit Horst Ludwig Meyer ein weiteres RAF-Mitglied der dritten Generation auf diesem Friedhof beigesetzt.

VON QUEEN & SPÄTZLE

Wie schwäbisch ist eigentlich Queen Elisabeth? Eine Frage, die man sich stellte, als diese am 24. Mai 1965 Stuttgart besuchte. Am Hauptbahnhof begrüßten Ministerpräsident Kurt-Georg Kiesinger und OB Arnulf Klett die Queen und ihren Gemahl Prinz Philip, als diese mit einem Sonderzug eintrafen. In einem offenen Mercedes 600 wurde das royale Paar zum Neuen Schloss gefahren, wo das Land einen Empfang gab. Mehr als 500.000 Menschen säumten die kurze Strecke und bejubelten die Besucher. Die nächste Etappe war der Fernsehturm, dort fand die offizielle Begrüßung durch die Stadt statt. Bei einer herrlichen Aussicht trug sich die Königin ins Goldene Buch der Stadt ein. Zurück im Neuen Schloss, wurde gespeist. Schwäbisch versteht sich. Maultäschle-Suppe und schwäbischer Schlachtbraten mit hausgemachten Spätzle wurden gereicht. Die Queen – der die schwäbische Küche freilich fremd war – erkundigte sich bei ihrem Platznachbarn Herrn Kiesinger, wie denn Spätzle eigentlich zu verzehren seien. In ihrer Rede ging Elisabeth II. auf die freundschaftliche Beziehung zu Baden-Württemberg ein: „An diesem Tage bedauere ich nur, dass Bundespräsident Heuss nicht mehr unter uns weilt, um mir seine Heimat zu zeigen, von der er mir erzählte, als er 1958 London besuchte und mich daran erinnerte, dass in meinen Adern auch schwäbisches Blut fließe."

QUICKIE

>>Das berühmte Schillerdenkmal war den Stuttgartern immer heilig. Vor den ersten Bombardements 1942 wurde es im Wagenburgtunnel in Sicherheit gebracht. Auch wurden vorsichtshalber Gipsabdrücke des Originals gesichert. Unbeschädigt geblieben, stellte man das Denkmal schon 1945 auf Anweisung des US-Militärs wieder auf. Umgeben von Trümmern, sollte es auf dem Schillerplatz ein Symbol für den neuen Geist in der Stadt sein.<<

VON MOBILE & ROUGE

Als die Skulptur des Amerikaners Alexander Calder 1981 auf der Königstraße aufgestellt wurde, sah sich OB Manfred Rommel mit Fragen der Bürger zu den hohen Einkaufskosten von rund einer Million DM konfrontiert. Mit einer Antwort, die die Schwaben zu besänftigen schien, schaffte er dies gekonnt: „Das kann nur noch wertvoller werden." 1979 beschloss die Stadt den Kauf des sogenannten ***Mobile Stabiles*** und legte den Standort direkt vor dem Kleinen Schlossplatz fest. Jedoch wirkt das Mobile erst seit der Eröffnung des Kunstmuseums 2005, anstelle der alten Betontreppetreppe, nicht mehr wie ein Solitär, sondern erscheint nun wie ein Teil des Museums. Die Skulptur, die den Namen ***Crinkly avec disque rouge*** trägt, wurde bereits 1973 aus zusammengesetzten und verschraubten Stahlelementen geschaffen. Der dreibeinige Körper ist von einer Seite her ganz in Rot und Gelb, auf der gegenüberliegenden Seite in Schwarz und Weiß bemalt. Wie ein Seehund balanciert die Skulptur ein Mobile auf seiner ***Nase***. Das Zusammenspiel aus Bewegung und Statik war die Grundidee des Künstlers Alexander Calder (1898–1976), der in den 1930er-Jahren in Paris an einer Kunstakademie studierte. Der teils französische Name geht auf diese Zeit zurück.

VON PFLASTER & KREUZ

Die heutige Stadtbahnhaltestelle am Charlottenplatz war die erste ***Unterpflaster-Straßenbahn-Haltestelle*** Stuttgarts. Zunächst wurden 1966 die tieferen Tallängs-Bahnsteige eröffnet, ein Jahr danach die Bahnsteige darüber für die Straßenbahnen vom Olgaeck kommend. Da die Bahnsteige wie ein Kreuz übereinander liegen, muss man bis zu dreimal den Höhenunterschied der beiden Stockwerke überwinden. Bedingt durch diese wirre Wegführung bezeichneten die Stuttgarter die Haltestelle bald schon als ***Mauseloch***.

VON PRÄSIDENT & ERBSEN

Ein kleiner, nackiger Bub aus Stein macht einen Brunnen in der Marktstraße des Bezirks Bad Cannstatt besonders. 1929 schuf Fritz von Graevenitz den Brunnen aus gelbem Cannstatter Travertin. Erbsenbrunnen sollte er heißen. Diesen Namen bekam er, da das Mineralwasser, das aus ihm sprudelt, eine geringe Wasserhärte hat und daher gut zum Kochen von Erbsen und anderen Hülsenfrüchten sein soll. In der Mitte des sechseckigen Beckens jedoch steht – auf einer übergroßen steinernen Erbse – das eigentlich Interessante. Für den nackten Bub, der den Brunnen ziert, stand der Neffe des Künstlers Modell: Richard von Weizsäcker, der spätere Bundespräsident und geborene Stuttgarter.

>> Der bröckelnde Ehrenkranz, der an der Mauer des ***Kunstgebäudes*** lehnt, auf der in großen Lettern das Wort STAMMHEIM geschrieben steht, ist kein Fall von Vandalismus. Es handelt sich um ein Kunstwerk von Olaf Metzel, das zur RAF-Zeit erst direkt vor Ort entstanden ist. Das Werk im öffentlichen Raum soll die Menschen mit den Problemen unserer Gesellschaft konfrontieren. <<

VON MOLKE & RAUCH

Im ***Weißenburgpark*** an der Neuen Weinsteige wurde 1844 eine ***Molken-Kuranstalt*** eröffnet. Von den Ärzten wurde dieser Standort für den Aufenthalt für ***Brustkranke*** wegen seiner reinen Luft in der Halbhöhenlage als geeignet betrachtet. Die Kombination aus Molke-Fasten und Luftkur war seinerzeit gängige Praxis. Schon damals war die Luftverschmutzung im Talkessel ein Thema. Denn zum Heizen und Kochen wurde ausschließlich Brennholz verwendet, dessen Rauch besonders penetrant war. Die Kuranstalt Villa Weißenburg steht heute nicht mehr. Ihre noch erhaltene Gartenanlage mit dem Ausflugsziel Teehaus – direkt an der Bundesstraße 27 gelegen – würde heute jedoch auch kein Arzt mehr als Luftkurort empfehlen.

QUICKIE

23

>> Das Werk ***Bridge/Rampe 1994*** des Künstlers Siah Armajani ist ein Spiel zwischen Sein und Schein. Geht man durch das große Tor am unteren Ende, so erscheint die obere Pforte recht klein und weit entfernt. Ein optischer Trick, denn sie ist tatsächlich viel kleiner und liegt beständig im Schatten. Auch das stählerne Fachwerk der Brücke sieht weit nützlicher aus, als es ist. Getragen wird der Steg nämlich durch Stützen unter ihm. All der Stahl hat keinerlei statischen Nutzen. <<

24

VON PRESSE & VERLAG

Die Zeitschriften ***auto motor*** und sport, MOTORRAD und ***Men's Health*** werden von der Motor Presse Stuttgart verlegt. Mit der Publikation von über 120 verschiedenen Zeitschriften im In- und Ausland ist die Motor Presse der größte Verlag von Spezialzeitschriften in Europa. ***Als Motorsport GmbH*** 1946 in Freiburg gegründet, brachte der Verlag zunächst die Zeitschrift ***Das Auto*** heraus. Vier Jahre später folgte der Umzug nach Stuttgart, und aus der ersten Zeitschrift wurde schließlich das heute bekannte Format ***auto motor und sport***. 1995 wagte man sich mit dem bekanntesten Magazin ins Fernsehen. Zunächst mit Beiträgen rund ums Automobil bei den Sendern VOX und DMAX. Seit 2009 betreibt die ***Motor Presse Stuttgart*** gemeinsam mit dem Medienunternehmer Jörg Schütte den Pay-TV-Sender ***auto motor und sport channel***.

VON PRINZESSIN & BOPSER

Dort, wo die Arbeitervorstadt ***Heslach*** und die Residenzstadt im Süden aufeinander trafen, entstand 1876 als Bindeglied der ***Marienplatz***. Er trägt seinen Namen zu Ehren von Prinzessin Marie, der ersten Gattin des späteren Königs Wilhelm II. Diesen Namen musste der Platz für einige Jahre jedoch abgeben, als er zu NS-Zeiten ***Platz der SA*** hieß. Noch heute wird der Marienplatz von wuchtigen Bauwerken gesäumt. Neben zwei großen Neubauten prägen vor allem der neoklassizistische ***Kaiserbau*** und ein prächtiges Palais im Stil des Historismus sein Gesicht. Seit 1884 verbindet die Zahnradbahn den Marienplatz im Tal mit dem Bezirk Degerloch hoch oben auf dem Bopser. Ende des 20. Jahrhunderts machte der Platz einen heruntergekommenen Eindruck. Als jedoch der ***Heslacher Tunnel*** 1991 eröffnete und so den Marienplatz täglich rund 50.000 Autos weniger umrundeten, wurde er bis 2003 gänzlich neu gestaltet. Unter anderem entstand ein Hochstrahlbrunnen, welcher stellvertretend für den ***Nesenbach*** steht, der an dieser Stelle unterirdisch verläuft.

VON ORGEL & TURM

Die ***Stuttgarter Musikschule*** wurde 1857 gegründet und rund 60 Jahre später zu einer staatlichen Hochschule ernannt. Schon früh war diese auch eine Ausbildungsstätte für die darstellende Kunst. Eine eigene Schauspielschule wurde jedoch erst in den 1940er-Jahren gegründet. Beide Bereiche wurden in den 1960er-Jahren schließlich im Titel ***Hochschule für Musik und Darstellende Kunst*** vereint. Nach Platzproblemen im Gebäude am Urbanplatz wurde ein neues, angemessenes Heim für die Hochschule in die Pläne einer Kulturmeile unweit des damaligen Standortes mit eingebunden. 1996 wurde schließlich der erste Teil des Neubaus des britischen Architekten James Stirling eingeweiht. Neben den Unterrichtsräumen befinden sich drei Konzertsäle und eine Bibliothek in dem Travertin-/Sandstein-Gebäude, dessen Markenzeichen der 50 Meter hohe Rundturm ist. Stirling bezeichnete diesen als ***Flaschenstöpsel***, da er das Gegenstück zur offenen Rotunde in der benachbarten Neuen ***Staatsgalerie*** bilden sollte. Mit dem Figurentheater bietet die Hochschule ein bundesweit einzigartiges Studienfach. Das Orgelspiel, die Opernschule und die Sprechkunst sind ebenfalls renommierte Bereiche der Lehranstalt.

VON BIRNE & MÖRIKE

Ein typisches Mitbringsel vom Stuttgarter Weihnachtsmarkt ist das ***Hutzelbrot.*** Im Schwäbischen sind ***Hutzeln*** getrocknete Birnen. Sie waren früher der Hauptbestandteil dieses Früchtebrotes. Den Hutzeln widmete Eduard Mörike eine Geschichte und machte sie somit zur weihnachtlichen Traditionsspeise der schwäbischen Hauptstadt. In ***Das Stuttgarter Hutzelmännlein*** übergibt ebenjenes dem Schustergesell Seppe für seine Wanderschaft von Stuttgart über die Alb ein Laib Hutzelbrot. Egal, wie viel er davon abschneiden sollte, es würde immer wieder nachwachsen. Mit etwas Butter bestrichen schmeckt dieses Früchtebrot besonders lecker und ist somit schnell aufgegessen – wenn nicht gerade ein ***Hutzelmännlein*** zur Stelle ist.

VON BARONIN & GOLDMARK

Hoch über der Stadt thront der Amtssitz des Ministerpräsidenten. Die schwarz-gelbe Landesflagge auf dem Kuppeldach ist auch vom Schlossplatz aus noch gut zu erkennen. Die ***Villa Reitzenstein*** – am Hang der Gänsheide gelegen – ist auch kaum zu übersehen. Der ehemalige Wohnsitz der Baronin Helene von Reitzenstein ist dabei jünger, als man vermuten würde. Im Stil des französischen Barocks erbaut, wurde die Villa erst 1913 von der Bauherrin bezogen. Die Baronin war die Witwe eines Freiherrn, und obwohl nun alleinstehend, wollte die Dame auf keine Annehmlichkeiten verzichten. Die dreiflügelige Villa mit 61 Räumen, umgeben von einem prächtigen Garten in bester Lage, schienen für die Witwe allein recht überzogen. So meinte ein schwäbischer Steinmetzmeister dazu: „Ond dees älles om oi Bett rom!" So kam es auch, dass der Baronin in der Inflation zum Ersten Weltkrieg die Villa zu teuer wurde und sie diese für 500.000 Goldmark an die Stadt verkaufen musste. Der Verkaufspreis lag gerade einmal bei einem Sechstel des ursprünglichen Baupreises und war daher ein echtes Schnäppchen. Nach einer NS- und Besatzungsgeschichte ist die Villa nun ein repräsentativer Sitz für das Staatsministerium und den ersten Mann im Ländle.

VON PARKS & GÄRTEN

Stuttgart ist mit seinen Wäldern, Weinbergen und Parkanlagen eine der grünsten Großstädte Deutschlands. Auch in der dicht bebauten City prägen Grünanlagen das Stadtbild. Vom Neuen Schloss bis hinauf zum Bismarckturm erstreckt sich eine über acht Kilometer lange Parkanlage: das sogenannte ***Grüne U.*** Um diese gigantische U-förmige Parklandschaft zu erhalten, wurden sechs Grünanlagen miteinander verbunden. Der älteste Teil – der ***Schlossgarten*** – ist rund 600 Jahre alt, wurde aber zur Bundesgartenschau 1961 und 1977 mehrfach verändert. Einen nahtlosen Übergang zum ***Rosensteinpark*** gab es schon immer. Um das ***Grüne U*** zu verwirklichen, wurden zur Internationalen Gartenbauausstellung 1993 eine Verbindung zum angrenzenden ***Park der Villa Berg*** im Osten hergestellt sowie in westlicher Richtung ein Brückenschlag zum ***Leibfriedschen Garten***. Der an ihn angrenzende ***Wartberg*** mit seinen Kleingärten führt hinauf zum ***Höhenpark Killesberg,*** der anlässlich der Reichsgartenschau 1939 in einem ehemaligen Steinbruch entstanden war. Erst 2012 wurde das ***Grüne U*** durch eine Verlängerung des ***Höhenparks*** um die ***Feuerbacher Heide*** erweitert. Diese wiederum bildet einen Übergang in die Wälder, welche die Stadt umgeben.

25

VON POST & BAHN

Das sogenannte ***Postdörfle*** war Stuttgarts erste Arbeitersiedlung. Die Fassaden der Gebäude im Renaissancestil waren für Arbeiterunterkünfte außergewöhnlich reich verziert. Zahlreiche Gemeinschaftseinrichtungen wie eine Kantine, eine Kinderkrippe, ein Konsumladen sowie eine Bade- und Waschanstalt waren ebenfalls vorhanden. Diese ungewöhnlich gute Unterbringung hatte freilich seinen Grund. Das ***Postdörfle*** wurde für Post- und Bahnangestellte sowie deren Familien geplant. So versuchte man, die Loyalität der Angestellten und von deren Nachkommen zu gewinnen. Die Arbeitersiedlung wurde auf sieben Terrassen eines ehemaligen Weinberges errichtet. Die Mitte dieser Anlage bildete die Straße ***Im Kaisemer,*** von der aus 37 Wohngebäude links und rechts den Hang hinauf erschlossen wurden. Rund 1.000 Einwohner in 214 Wohnungen waren hier zu Hause. Von der historischen Bebauung überstanden nur die beiden Gebäude direkt an der Heilbronner Straße den Krieg. Die denkmalgeschützten Fassaden dieser Bade- und Waschanstalt wurden in einen Hotelkomplex integriert, und auch die ursprüngliche Struktur des ***Postdörfles*** wurde bei der Neubebauung beibehalten.

VON REGIMENT & DISZIPLIN

Sein ursprünglicher Zweck ist dem ***Rotebühlbau*** noch klar anzusehen. Anfang des 19. Jahrhunderts war eine neue Kaserne für bis zu 5.000 Mann nötig geworden. Einen geeigneten Standort glaubte man, an der Neckarstraße gefunden zu haben. Jedoch ließen sich die Kosten eines so riesigen Gebäudes nicht schönrechnen. Selbst die Idee, Schloss Hohenheim abtragen zu lassen und das Baumaterial hier wiederzuverwenden, hätte die Kosten nicht ausreichend gedrückt. So entschloss man sich zunächst für eine reine Infanteriekaserne und den Bau der Reiterkaserne noch aufzuschieben. Bis 1843 entstand schließlich eine Dreiflügelanlage am Rotebühlplatz, welcher zu dieser Zeit der größte Kasernenbau Deutschlands war. Leicht erhöht auf einem Plateau stehend, hat das Gebäude eine sehr präsente Wirkung im Stadtbild. Die Fassade wurde bewusst schmucklos gehalten, um so die Strenge und Disziplin des Regiments zu verdeutlichen. Nach dem Krieg wurde der Mitteltrakt im Zeitgeist der 1960er-Jahre wieder aufgebaut. In der ehemaligen Kaserne ist heute ein ***Heer*** an Mitarbeitern des Finanzamtes untergebracht.

VON REITWEG & SEE

Die ***Johannesstraße*** im Stuttgarter Westen war eine der wenigen geplanten Prachtstraßen der Stadt. Der König selbst wünschte sich an dieser Stelle einen ***Schwäbischen Boulevard*** nach Pariser Vorbild. Die gesamte Bebauung im Bezirk war klar strukturiert. Dies galt auch für die Johannesstraße, die zu Beginn noch als ***Untere Hermannstraße*** ausgewiesen war. Schnurgerade sollte sie auf den ***Feuersee*** hinführen. Die auf einer Halbinsel im See neu entstandene ***Johanneskirche*** war ab 1870 die Namensgeberin des Boulevards und sollte fortan dessen Abschluss im unteren Bereich bilden. Als Pendant zum Kirchenbau endete der obere, leicht ansteigende Straßenzug mit dem Bankgebäude der ***Landwirtschaftlichen Zentralgenossenschaft*** – dem heutigen Arbeitsgericht. Auf den Charakter einer einstigen Prachtstraße weisen heute noch der dichte Baumbestand der alten Allee, die breiten Gehsteige und der an ihn angrenzende, gepflasterte Reitweg hin. Zwar ist die einstige Pracht der Johannesstraße längst zum Großteil verflogen, doch lässt sie sich anhand der noch erhaltenen, prächtigen Gründerzeitbauten gut erahnen.

QUICKIE

>> 2007 verschwand mit der Linie 15 die letzte Straßenbahn aus dem Stuttgarter Stadtbild. Die meisten der alten Straßenbahnen verrichten heute in Rumänien weiter ihren Dienst. Jedoch sind auch in der ***Straßenbahnwelt*** in Bad Cannstatt einige Wagen verblieben. Von hier brechen die Oldtimerlinien 21 und 23 jeden Sonntag zu ihren Rundfahrten durch die Stadt auf. <<

VON PRACHTSTRASSE & LANDSTRASSE

Die Königstraße wurde ab 1806 angelegt und ist – auch wenn es der Name erwarten lässt – keinem König gewidmet. Diesen Namen erhielt sie erst fünf Jahre nach Baubeginn, als Erinnerung an die Erhebung Württembergs zum Königreich. Die neue Prachtstraße war ein Wunsch König Friedrichs I., der seiner königlichen Residenzstadt eine würdige Hauptstraße zukommen lassen wollte. Wo sich heute die ***Obere*** Königstraße befindet, verliefen früher Burggraben und Stadtmauer. Der Graben wurde jedoch schon Jahrzehnte vor den Plänen des Königs zugeschüttet, die Mauer abgebrochen und eine Straße an dieser Stelle angelegt. Sie trug daher den Namen ***Langer Graben*** oder ***Großer Graben***. Als Verlängerung legte man – damals noch außerhalb der Stadt – eine Landstraße an, die hinaus gen Ludwigsburg führte. Im Gegensatz zum ***Graben***, der nach und nach umgestaltet werden sollte, machte der König bei dieser ***Ludwigsburger Straße*** Druck. Sie war bis dato fast unbebaut und sollte möglichst schnell zur Prachtstraße werden. Auf der heutigen ***Unteren*** Königstraße ist aus diesen Anfangsjahren nur ein einziges Gebäude – seit den 1950er-Jahren in neuem Gewand – erhalten geblieben: die ***Domkirche St. Eberhard***.

VON RÖSSLE & STUTE

Aus einem Gestüt im Talkessel – einem ***Stuotengarten*** – leitet sich der Name Stuttgart ab. Voraussichtlich von Liudolf von Schwaben wurde dieses zwischen 926 und 948 gegründet. Nach und nach entstanden am Nesenbach im Tal weitere Bauwerke, wie eine Wasserburg (das spätere Alte Schloss) oder eine Kapelle (der heutigen Stiftskirche). Das Gebiet rund um den Schillerplatz gilt somit als Keimzelle der Stadt. Die ursprüngliche Nutzung des Nesenbachtals hat noch heute sichtbare Spuren in der Stadt hinterlassen. Das ***Stuttgarter Rössle*** als Wappentier ist eine davon. Was seinerzeit als sumpfiges Gebiet ein idealer Ort zur Pferdezucht war, ist heute für eine Großstadt eine eher ungünstige Lage. Eingekeilt in einem Talkessel und umgeben von bewaldeten Hügeln, kann die Innenstadt nur noch beschränkt wachsen. Aber eben diese spezielle Topografie macht Stuttgart so einmalig.

VON ROTWEIN & DURST

Reben überall. In 16 von 23 Stadtbezirken Stuttgarts wird Weinbau betrieben. Über 70 Prozent der Produktion entfallen hierbei auf Rotweine. Auch beim stadteigenen Weingut, das über 17 Hektar umfasst und unter anderem die Flächen an der Karlshöhe und der Neuen Weinsteige bewirtschaftet. Ein Chronist schrieb im Mittelalter: „Wenn man in Stuttgart nicht einsammelte den Wein, würde die Stadt bald in Wein ersäufet sein." Pro Kopf trinkt der Stuttgarter überdurchschnittlich viel Wein, so kann die heute produzierte Menge kaum noch den Durst der Einwohner selbst stillen. Die Weinberge gehören zum klassischen Stadtbild und genießen einen besonderen Schutz.

>> Der ***Cannstatter Travertin*** ist ein Süßwasserkalkstein, der bis 2007 im Bezirk abgebaut wurde. Zahlreiche Gebäudefassaden in Stuttgart bestehen aus diesem gelb-braunen Gestein, wie der ***Mittnachtbau***, die ***Neue Staatsgalerie*** oder das ***Zeppelin-Hotel***. Ein ehemaliger Steinbruch nahe dem Hallschlag wurde zu einem ***Travertinpark*** umgestaltet, in dem man ausgediente Steinbearbeitungsgeräte besichtigen kann. <<

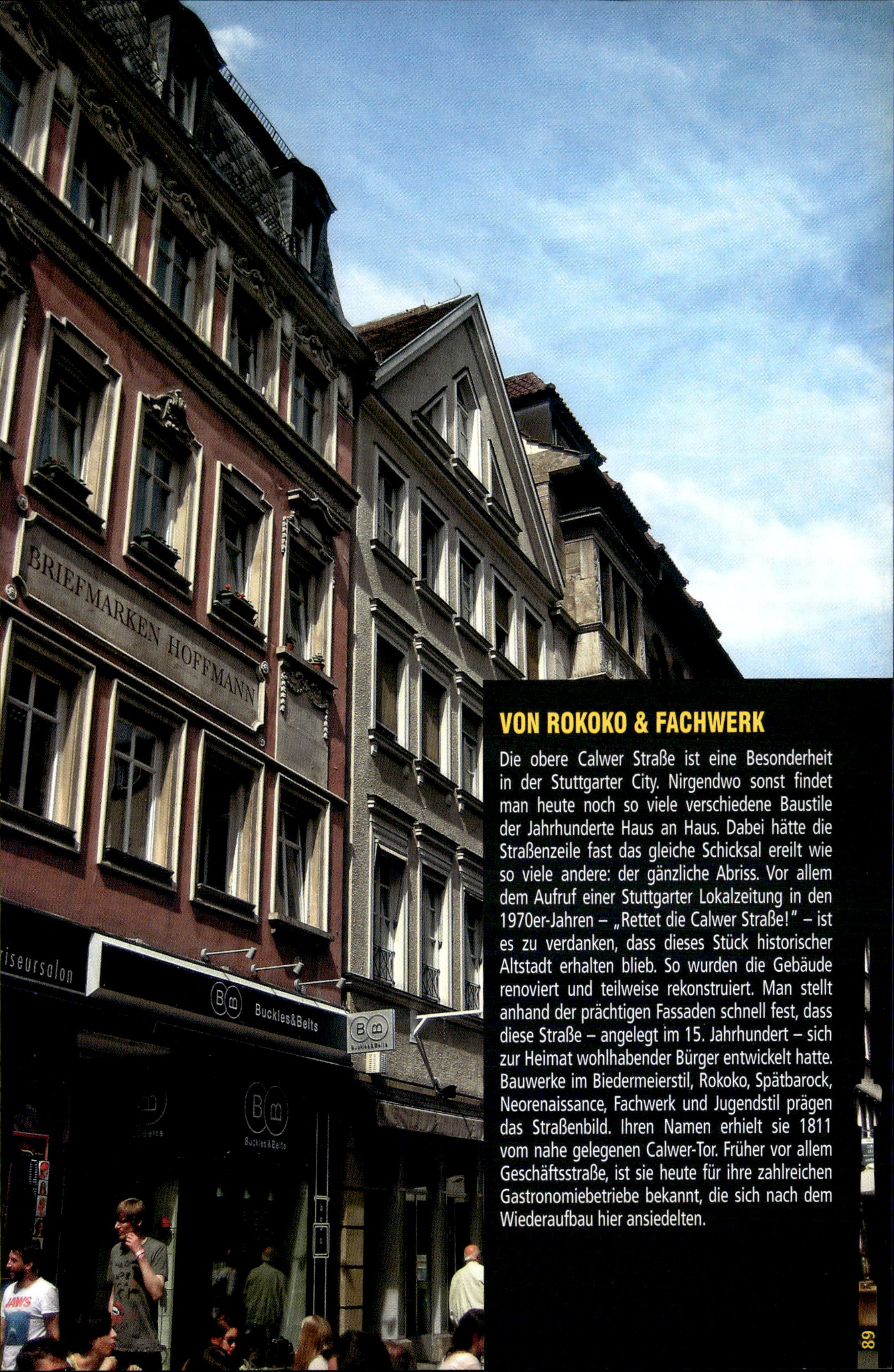

VON ROKOKO & FACHWERK

Die obere Calwer Straße ist eine Besonderheit in der Stuttgarter City. Nirgendwo sonst findet man heute noch so viele verschiedene Baustile der Jahrhunderte Haus an Haus. Dabei hätte die Straßenzeile fast das gleiche Schicksal ereilt wie so viele andere: der gänzliche Abriss. Vor allem dem Aufruf einer Stuttgarter Lokalzeitung in den 1970er-Jahren – „Rettet die Calwer Straße!" – ist es zu verdanken, dass dieses Stück historischer Altstadt erhalten blieb. So wurden die Gebäude renoviert und teilweise rekonstruiert. Man stellt anhand der prächtigen Fassaden schnell fest, dass diese Straße – angelegt im 15. Jahrhundert – sich zur Heimat wohlhabender Bürger entwickelt hatte. Bauwerke im Biedermeierstil, Rokoko, Spätbarock, Neorenaissance, Fachwerk und Jugendstil prägen das Straßenbild. Ihren Namen erhielt sie 1811 vom nahe gelegenen Calwer-Tor. Früher vor allem Geschäftsstraße, ist sie heute für ihre zahlreichen Gastronomiebetriebe bekannt, die sich nach dem Wiederaufbau hier ansiedelten.

VON RAKETEN & SEGELFLUGZEUGEN

Abheben kann man in Stuttgart nicht nur von den Fildern aus. In recht kleinem Umfang ist dies auch im Norden der Stadt möglich. Auf dem ***Flugplatz Pattonville*** – mit der ICAO-Kennung EDTQ – ist vor allem der Flugsport zu Hause. Kleine Motorflugzeuge, Motorsegler und Segelflugzeuge starten von diesem ***Sonderlandeplatz*** aus. Den englischen Namen trägt er aufgrund seiner Nähe zum gleichnamigen Städtchen in Remseck und Kornwestheim. Die Siedlung wurde in der Besatzungszeit durch die Amerikaner angelegt. Namenspate war der General George Smith Patton Jr. Der Flugplatz selbst wurde früher von der Wehrmacht genutzt und schließlich von der US-Army übernommen, die ihn zum Korea-Krieg sogar mit Raketenstellungen ausbaute. Seit dem Abzug des Militärs 1992 hält die ***Flugbetriebsgemeinschaft Pattonville e. V.*** den Flugplatz am Leben und erhielt 2009 sogar Zuwachs durch die Stationierung des Rettungshubschraubers ***Christoph 51***.

VON SLOGAN & STERNEN

Städte müssen für sich werben. Unsere Stadt hat dies besonders nötig, da sie – wie wir wissen – weit besser ist als ihr Ruf. Ob mit dem Werbespruch „Stuttgart, die sauberste Stadt Deutschlands" in den 1950er-Jahren gute Werbung gemacht wurde, bleibt jedoch fraglich. Lange Zeit wurde danach der wohl bekannteste Werbetext genutzt: „Großstadt zwischen Wald und Reben". Er wurde 1971 – wenn auch von den Bürgern nur halbherzig angenommen – durch einen Slogan ersetzt, der das Grün hinter sich ließ: „Stuttgart, Partner der Welt". Zu abgehoben erschien er vielen. Immer wieder tauchte später der Werbeslogan „Stuttgart, Stern des Südens" auf, mit Bezug auf die vielen Sterneköche und freilich auch auf Daimler in der Stadt. Erst 2011 gab man einen neuen Text und ein Logo zur Werbung für die gesamte Region in Auftrag. Zwei Sprechblasen, die zusammen ein stilisiertes ***S*** ergeben, machten das Rennen. Seither heißt es bei ***Stuttgart Tourist***: „Region Stuttgart – spricht für sich".

QUICKIE

27

>> Der letzte König Württembergs wurde erst 1991 noch einmal in Stuttgart geehrt. Vor dem Wilhelmspalais, dem Wohnsitz des Herrschers bis zu seinem Sturz, wurde eine Statue des ***Bürgerkönigs*** mit seinen beiden Spitz-Hunden aufgestellt. Die Ehrung König Wilhelms II. in Zeiten der Demokratie erschien vielen Bürgern befremdlich. <<

VON RAUMNOT & PROVISORIUM

Herzog Carl Eugen gründete 1765 in Ludwigsburg – der damaligen Residenzstadt – eine ***Königliche Öffentliche Bibliothek***. Der Herzog selbst besaß keine weitere Hofbibliothek, da er selbst zeit seines Lebens der oberste Bibliothekar war. Als Stuttgart wieder Residenzstadt wurde, zog die Bibliothek 1777 in einen Holzbau direkt am Marktplatz der Stadt. Der Ausbau der Buchsammlung war eine Herzensangelegenheit des Herzogs, und so kümmerte er sich selbst um den Ankauf neuer Bücher. Jahrzehnte später – Württemberg war nun Königreich – musste für die Bibliothek wegen großer Raumnot eine neue Heimat gefunden werden. König Friedrich bestimmte, dass die Buchsammlung ab 1820 im ehemalige Invalidenhaus an der Neckarstraße – der heutigen Konrad-Adenauer-Straße – unterkommen sollte. Damit hatte die nun ***Königliche Öffentliche Bibliothek*** ihren endgültigen Standort erreicht. Im Zweiten Weltkrieg brannte das stattliche Gebäude fast gänzlich aus, sodass fast die Hälfte des Buchbestandes ein Opfer der Flammen wurde. Nach Jahrzehnten in Provisorien wurde in den 1970er-Jahren an historischer Stelle die heutige ***Württembergische Landesbibliothek*** eröffnet.

VON SIEG & JUBILÄUM

Stolz thront die Lady aus Bronze 30 Meter über dem Schlossplatz auf der Jubiläumssäule. Sie ist keine Siegessäule – wie sie oft genannt wird –, denn es gab 1841 keinen Sieg zu feiern, sondern das 25-jährige Thronjubiläum König Wilhelms I. Das Volk ließ zu diesem Anlass eine hölzerne Festsäule errichten. Da jedoch lange Zeit noch an dieses Ereignis erinnert werden sollte, entschloss man sich, diese durch ein steinernes Monument zu ersetzen. Fast fünf Jahre nach den Feierlichkeiten waren Säule und Sockel fertiggestellt. Ein bisschen ***Siegessäule*** ist sie an ihrem Fuß dann doch: Ein Relief um den Sockel zeigt die militärischen Erfolge des Königs gegen Napoleon Bonaparte. Die fünf Tonnen schwere Skulptur der Göttin Concordia fand allerdings erst weitere 17 Jahre später ihren Platz auf der Jubiläumssäule. Diesen Ehrenplatz in luftiger Höhe hat die Dame dem König selbst zu verdanken, da dieser es strikt ablehnte, sein Ebenbild auf das Monument stellen zu lassen. Er entschied sich für die Göttin der Eintracht, die seit 150 Jahren über die Stadt wacht.

VON SILBER & MITTERNACHT

Es gibt viele Glocken in den Türmen der Stiftskirche. Im Hauptturm jedoch hängt eine Glocke, um die sich eine besondere Legende rankt: das ***Silberglöckle***. 1507 wurde die 38 Zentimeter breite Glocke mit dem Namen ***Ossanna*** in Esslingen gegossen. Zu ihrer Entstehung gibt es mehrere Legenden. Die älteste und bekannteste lautet wie folgt: „Mitte des 14. Jahrhunderts verirrte sich einst die Mutter einer Burgherrin von Weißenburg im Wald und fand den Weg nicht mehr zurück. In Sorge um die verschollene Mutter ließ die Burgherrin ihren Silberschmuck zu einem Glöckchen formen, um es fortan jeden Abend selbst um 9 Uhr und um Mitternacht zu läuten. Sie tat dies in der Hoffnung, dass ihr heller Klang der Mutter den Weg nach Haus weisen würde. Die Herrin tat dies bis zu ihrem Tode und verfügte in ihrem Testament, dass die Glocke weiterhin im Turm der Stiftskirche zu besagten Stunden läuten solle." Da diese Geschichte rund 150 Jahre vor der Entstehung der heutigen Glocke spielt, sind wir so frei und denken uns, dass diese die Nachfolge der ursprünglichen Glocke angetreten hat.

QUICKIE

>> Der ehemalige Bundespräsident Richard von Weizsäcker wurde am 15. April 1920 in einer Dachwohnung des ***Neuen Schlosses*** geboren, da sich sein Vater – ein Diplomat – zu dieser Zeit in Stuttgart aufhielt. Auch dieser kam in Stuttgart zur Welt. Der Onkel Richard von Weizsäckers – der Künstler Fritz von Graevenitz – arbeitete und lebte bei ***Schloss Solitude***. Hier befindet sich heute auch das ***Graevenitz-Museum***. <<

VON SINGLES & SOLITUDE

Mit seinen 53.000 Einwohnern auf engstem Raum gilt der Stuttgarter Westen, gemeinsam mit Hamburg-Harburg und Berlin-Kreuzberg, als eines der am dichtesten besiedelten Wohngebiete Deutschland.

Stuttgart-West wurde als Erweiterung der Innenstadt geplant, wo sich ab 1850 vor allem Industrie ansiedeln sollte. Als die Residenzstadt Ende des 19. Jahrhunderts jedoch extrem wuchs, wurde der Bezirk schnell zu einem Wohngebiet ausgeweitet. Ab den 1920er-Jahren wurden schließlich auch die Hänge des Bezirks bebaut. Schachbrettartig wurden lange Straßenzüge mit teils prächtigen Gründerzeitbauten angelegt. Noch heute ist der Westen eines der größten zusammenhängenden Altbaugebiete Deutschlands. Trotz der dichten Bebauung im Tal ist Stuttgart-West ein sehr grüner Bezirk. Zumindest auf dem Papier, da der Kräherwald, der Wildpark und Solitude als Stadtteile ebenfalls zum ***Westen*** zählen. Heute ist der Innenstadtbezirk durch seine Urbanität und zentrale Lage vor allem jung und ungebunden, was fast 60 Prozent Singlehaushalte widerspiegeln.

VON SOLDATEN & UNTERTANEN

König Wilhelm II. war der letzte König Württembergs. Er wurde als Bürgerkönig bezeichnet, da er fast wie ein solcher lebte: nicht in einem Schloss, sondern im ***Wilhelmspalais*** am Charlottenplatz. Oft ging er alleine mit seinen beiden Hunden in der Stadt spazieren oder einkaufen und wurde von den Stuttgartern mit einem fröhlichen „Grüß Gott, Herr König!" begrüßt. Dem Monarchen waren seine Untertanen derart lieb, dass er nach dem Ausbruch des Ersten Weltkrieges seine Soldaten mit Tränen in den Augen verabschiedete. Trotz aller Beliebtheit des Bürgerkönigs vor allem in Stuttgart endete die Monarchie auch in Württemberg 1918. Demonstranten gestanden ein, dass er stets ein guter König war, betonten jedoch bei ihren Forderungen nach der Abdankung Wilhelms: „... s'isch aber wegen dem Sischtem." Der König verließ die Stadt in Richtung Bebenhausen, verzichtete schließlich auf die Krone und nahm den Titel des Herzogs zu Württemberg an. Dass seine Stuttgarter seine Abdankung erzwangen, verwand er nie. Seinem letzten Wunsch gemäß sollte schließlich sein Leichenzug um Stuttgart herum nach Ludwigsburg geführt werden. Nach Eingemeindungen im 20. Jahrhundert führte der Trauerzug jedoch auch über heutigen Stuttgarter Boden.

VON SCHALEN & FLÜSSEN

Die beiden Springbrunnen auf dem Schlossplatz wurden zu Ehren König Wilhems I. von Württemberg errichtet. Um pünktlich zu seinem Geburtstag 1863 an Ort und Stelle zu stehen, hatten die großen Wasserschalen einen beschwerlichen Weg von Aalen aus hinter sich. Es wurden spezielle Eisenbahnwagen zu deren Transport auf der Remstalbahn konstruiert. Zudem mussten wegen Engstellen Brückenpfeiler entfernt und ein Wachhäuschen abgetragen werden. Die Brunnen trafen jedoch pünktlich ein. Acht Putten – vier je Brunnen – symbolisieren die wichtigsten Flüsse Württembergs. Auf dem südlichen Brunnen sind dies Neckar, Kocher, Fils und Enz, auf dem nördlichen Donau, Nagold, Tauber und Jagst.

VON BUNKER & BETTEN

Von 1945 bis 1985 gab es in Stuttgart ein Hotel, das gänzlich ohne Fenster auskam. Korrekter wäre ***unter*** Stuttgart. Denn noch heute existieren die Räumlichkeiten des Bunkerhotels unter dem Marktplatz der Stadt. Der ehemalige Schutzbunker hatte 100 günstige Betten zu bieten. Zu Beginn des Hotelbetriebes waren dies einfache Feldbetten. Außer den Fenstern fehlte es im Bunker jedoch an nichts, was ein oberirdisches Hotel an Ausstattung zu bieten hatte. Heute kann man dieses unterirdische Kuriosum – wenn auch leider verfallen – noch an ausgewählten Tagen besichtigen.

VON HALLE & AXT

Die erste Rundfunkrede Adolf Hitlers wurde in Stuttgart verhindert. Als 1933 der neue Reichskanzler in die Stadt kam, verweigerte ihm der württembergische Staatspräsident Eugen Bolz einen Auftritt auf dem Schlossplatz. Er verwies den Kanzler in die Stadthalle, welche sich an der Neckarstraße befand, wo heute der SWR seinen Sitz hat. Von hier aus sollte seine Rede aus den Radiolautsprechern im ganzen Deutschen Reich schallen. Als Hitler am 15. Februar mit seiner Rede in der übervollen Halle begann, wurde er jedoch schnell durch ein lautes Knacken unterbrochen. Mitglieder der KPD hatten in der Werderstraße ein oberirdisch hängendes Übertragungskabel zwischen der Stadthalle und dem Telegrafenamt mit zwei Axthieben gekappt. Die Rede wurde abgesagt, und Hitler verließ wütend die Bühne.

VON SCHILDKRÖTEN & KINDERN

Als der Stadtteil West ab 1850 schnell besiedelt wurde, machte dies auch den ersten evangelischen Kirchenbau seit dem Mittelalter nötig, welcher am Feuersee entstehen sollte. Dieser dreieckige Löschwasserteich von 1701 wurde daher in eine rechteckige Form gebracht und eine Halbinsel aufgeschüttet. Architekt Leins entwarf einen Sakralbau, der vielen als gänzlich unprotestantisch erschien. Nach zwölfjähriger Bauzeit konnte die äußerlich neugotische Johanneskirche 1876 eingeweiht werden. Das erste hier getaufte Kind trug auch gleich den passenden Namen: Johannes. Den Beginn der ehemaligen Prachtallee Johannesstraße bildete der Kirchturm, der im Zweiten Weltkrieg seine Spitze verlor. Diese wurde als Mahnmal nicht wiederhergestellt und an ihrer Stelle ein steinerner Kranz angebracht. Im Sommer schwimmen im See ausgesetzte Schildkröten und Karpfen, und im Winter ziehen Kinder auf dem Eis ihre Bahnen. Bis zum Kirchenneubau verkaufte die Stadt das Eis an die Stuttgarter Brauereien, die es für ihre Produktion benötigten.

VON SCHNEE & WEIN

Stuttgarts Topografie ist einmalig. Im Stadtgebiet kann man bis zu 350 Meter Höhenunterschied überwinden. Mit 207 Metern über NN bildet Hofen den tiefsten, mit 549 Metern die Bernhartshöhe den höchsten Punkt. Daher verwundert es nicht, wenn in Vaihingen auf den Fildern Schnee liegt, während die Menschen im Talkessel gerade einmal den Regenschirm aufspannen. Zudem wird die Stadt durch die Höhenzüge Schwäbische Alb, Schwarzwald und Schurwald von Winden abgeschirmt. Auch regnen sich die Wolken vor allem dort ab, und so gehört die ganze Region zu den niederschlagsärmsten in Deutschland. Dies führt vor allem im Sommer im dicht bebauten Talkessel zu schwülheißer Luft und macht Stuttgart zu einem der wärmsten Orte der Republik. Frische, kühle Luft drängt erst in den Abendstunden von den Hängen des Westens und im Süden von Kaltental her in die Innenstadt. Um diese Frischluftzufuhr zu erhalten, dürfen viele Bereiche an den Hängen nicht mehr bebaut werden. Dieses Klima ermöglicht auch, dass an den Hängen der Stadt Weinbau betrieben werden kann.

29

/ON SPANGE & MEILE

Venn man ***Stuttgarter Flaniermeile*** liest, dann denkt nan wohl in erster Linie an die Königstraße. Ein Wunsch ler Stadt ist es jedoch, in den nächsten Jahren eine veitere zu schaffen. Den Wilhelmsplatz und den Roebühlplatz verbindet die sogenannte ***Querspange***.)iesen sperrigen Namen trägt der Straßenzug, da er igentlich aus vier einzelnen besteht. Durch Erweiteungen der historischen Altstadt entstanden nach und iach diese Sträßchen, die zusammen eine Verbindung ier beiden Plätze ergaben. Der ***Rotebühlplatz*** erstreckt ich nämlich von der großen Verkehrskreuzung bis zur /larienstraße. Ab dort heißt die Querspange ***Königsraße***. So mancher wird überrascht sein, dass die große :inkaufsmeile vor der Marienstraße nach links abknickt, omit zum Teil der Querspange wird, und bis zum Beinn der Tübinger Straße weiter verläuft. Hier wechselt ie abermals ihren Namen in ***Eberhardstraße***, um auf Höhe von ***Tagblatt-Turm*** und ***Hegelhaus*** schließlich hren vierten Namen zu bekommen: ***Torstraße*** heißt die)uerspange auf den letzten Metern bis zum Wilhelmslatz. Allem Namensgewirr zum Trotz soll die Verbinlung zwischen Wilhelms- und Rotebühlplatz möglichst inheitlich gestaltet und so zur neuen Flaniermeile von tuttgart werden.

30

/ON STALL & HOTEL

Vo heute Markenklamotten gekauft werden, befanden ich einst die königlichen Stallungen. Als König Friedrich iach der Erhebung Württembergs zum Königreich eine Prachtstraße in der Residenzstadt anlegen ließ, beschloss er 1807, auch den Marstall von Schloss Solitude iach Stuttgart verlegen zu lassen. Die Stallungen wurlen Stein für Stein am alten Standort abgetragen und an ler neuen Königstraße wieder aufgebaut. Der Marstall asste rund 300 Pferde und hatte gewaltige Ausmaße. 240 Meter verlief die Fassade entlang der Königstraße ınd 70 Meter in Richtung Schlossgarten. Das war im Grunde jene Fläche, die heute der Komplex zwischen ler Schillerstraße beim ***i-Punkt*** bis zur Marstallstraße ıeim ***Pusteblumenbrunnen*** einnimmt. Das Haupttor er zweistöckigen Stallungen war mit Säulen und einer Kuppel versehen und befand sich auf der Höhe der Kroıenstraße. Nach dem Ende der Monarchie wurden die Stallungen unter dem Namen ***Schloßgartenbau*** zur adenzeile umgenutzt, und im Flügel gegenüber dem Hauptbahnhof wurde das ***Schlossgarten Hotel*** gegrünlet. Im Krieg schwer beschädigt, beschloss man Ende ler 1950er-Jahre den Abriss der riesigen Anlage.

>> Die Wilhelma ist seit 30 Jahren Aufzuchtstätte für Menschenaffenbabys aus ganz Europa. Über 60 Schimpansen-, Gorilla-, Orang-Utan- und Bonobobabys, die von ihren Müttern verstoßen wurden, sind hier bereits aufgezogen worden. Heute ist das ***Kinderzimmer*** vor allem auf Gorillas spezialisiert. <<

VON SÜD & WEST

Wo, wenn nicht in Stuttgart sollte der erste Autotunnel der Welt zu finden sein? Durch den nur 125 Meter langen ***Schwabtunnel***, der die Bezirke Süd und West miteinander verbindet, fuhr im Jahre 1896 das erste Automobil. Er war seinerzeit der breiteste Tunnel Europas. Zudem war er mit der Straßenbahnlinie 6, die ab 1902 durch ihn führte, einer der ersten Straßenbahntunnel der Welt. Der Straßenbahnbetrieb auf dieser Strecke wurde erst 1972 eingestellt. Als guter Schwabe weise ich natürlich an dieser Stelle darauf hin, dass es ***DAS Tunell*** heißt.

31

VON TOILETTE & BUCH

War er nun ein Toilettenhäuschen, oder war er es nicht? Eine Frage, die man sich gerne bei einem Bierchen im ***Palast der Republik*** stellt. Der kleine achteckige Pavillon am Straßendreieck Friedrich-, Bolz- und Lautenschlagerstraße hat eine wechselhafte Geschichte hinter sich. Und tatsächlich startete seine ***Karriere*** als stilles Örtchen. Ende des 19. Jahrhunderts eingeweiht, sollte der Pavillon jedoch ab den 1930er-Jahren einer weiteren Bestimmung zugeführt werden. Das ***Buchhaus Wittwer*** eröffnete hier einen Kiosk. Bücher oben, Toilette unten. 1944 lag die Stadt auch rund um das kleine Bauwerk in Trümmern. Doch der Pavillon hatte die Bombardements überstanden. In all dem Chaos eröffnete ***Wittwer*** den Kiosk wieder, als eine der ersten Verkaufsstellen für Bücher. Bis in die 1970er-Jahre verblieb dessen sogenannte Außenstelle ***Stand A*** im Pavillon, der heute wegen seiner Specksteinsäulen sogar unter Denkmalschutz steht. Das Szenelokal, das heute in dem Rondell seine Heimat findet, ist längst Kult. Unschwer erkennbar an den Hunderten jungen Menschen, die den Platz rund um den ***Palast*** vor allem an Sommerabenden stehend und auf dem Boden sitzend belagern.

VON STEIGUNG & PFERD

Seit rund 145 Jahren fahren die Bürger Stuttgarts auf Gleisen durch ihre Stadt. Zu Beginn im Jahre 1868 jedoch noch recht gediegen in Pferdebahnen. 27 Jahre später erfolgte die Elektrifizierung des Streckennetzes – die neue Straßenbahn fuhr nun ganz ohne Pferd. Diese hatte sich in den verschiedensten Modellen rund 90 Jahre konkurrenzlos im Stadtgebiet gehalten. Erst 1985 wurde die bisher gängige Meterspur-Straßenbahn auf der Linie 3 durch eine normalspurige Stadtbahn ersetzt. Mit der Linie 15 verrichtete bis 2007 die letzte Straßenbahn ihren regulären Dienst bei der ***SSB***. Heute hat das Schienennetz eine Länge von ca. 130 Kilometern, das von 184 Stadtbahnen auf 13 regulären und zwei Sonderlinien (U11 & U19) befahren wird. Das Stadtbahnmodell (DT) Doppeltriebwagen 8 wurde speziell für die teils steil ansteigende Topografie Stuttgarts hergestellt. Denn hier gibt es mit bis zu 8,5 Prozent Neigung die steilste normalspurige Schienenstrecke Europas (ohne Hilfe von Zahnrad oder Seil). Die Linie U15 überwindet diese Steigung in der Alexanderstraße seit 2007 und hat damit sogar der Schweizer ***Uetlibergbahn*** den Rang abgelaufen.

VON T & DT

Stuttgart ist einmalig, was Lage und Leben in der Stadt betrifft. Doch nicht so der Name. In den USA gibt es durch einen schwäbischen Auswanderer seit 1878 im heutigen Staat Arkansas ein neues Stuttgart. In dem Städtle – das von Adam Bürkle aus Filderstadt-Plattenhardt gegründet wurde – leben heute ca. 9.400 Menschen. Zehn Jahre später wurde in Kansas ein noch kleineres Stuttgart gegründet. Ganze 45 Einwohner hat die amerikanische Version der Mutterstadt. Aber auch im heutigen Polen gab es ein Dörfchen, das einen ähnlichen Namen trug. Stuttgardt – eine alte Schreibweise unserer Stadt – liegt in der Provinz Brandenburg und trägt heute den Namen Piskorzno.

VON TOREN & SPARZWÄNGEN

Stadttore gab es auch in Stuttgart zur Genüge. Immer weiter breitete sich die Kernstadt über die Jahrhunderte aus und mit ihr die Stadtbefestigung. In der Hochzeit gab es 27 Tore, die Anfang des 19. Jahrhunderts nach und nach abgebrochen wurden. Das letzte, frei stehende Stadttor verschwand 1922 im Zuge der Bauarbeiten für den neuen Hauptbahnhof und dessen Anbindung an das Straßenbahnnetz aus dem Stadtbild. Dieses ***Königstor*** am Ende der Unteren Königstraße sollte zwar an anderer Stelle wieder aufgebaut werden, fiel jedoch den Sparzwängen zum Opfer. Neun Jahre zuvor wurde auch das ***Neckartor*** abgebrochen, das zuletzt an jener Stelle stand, wo heute nur noch der Name darauf hinweist. Es stand bis in die 1860er-Jahre als ***Cannstatter Tor*** noch an der Schillerstraße, bis es – bedingt durch eine abermalige Stadterweiterung – an seinen letzten Standort umzog. Ein weiteres namentliches Überbleibsel ist die ***Torstraße***, welche an das ***Hauptstätter Tor*** am Wilhelmsplatz erinnert, sowie die ***Esslinger Straße*** und die ***Tübinger Straße***, die auf die gleichnamigen Tore an jener Stelle hinweisen.

VON TURM & BANK

Was der Fernsehturm mit ***Ruhbank*** zu tun hat? Nichts. Im Bereich der heutigen Stadtbahnhaltestelle dieses Namens befand sich jedoch ein bekannter, viel genutzter Rastplatz, vor allem von Landfrauen, die ihre Waren von den Fildern in die Stadt trugen. Eine sogenannte steinerne Ruhbank stand hier, um abzustellen und zu pausieren. Diese Bänke gab es zwischen dem 17. und 19. Jahrhundert zu Hunderten, meist an hoch frequentierten Wegen, um vor oder nach einem steilen Gelände zu rasten. Sie bestanden meist aus einer Bank in Kniehöhe zum Sitzen und einer weiteren Stufe in Hüft- oder Schulterhöhe, um die ***Krätten*** (Körbe) bequemer absetzen und wieder schultern zu können. Das Original dieser speziellen Ruhbank ist inzwischen einer Betonbank gewichen, die im Schatten des Fernsehturms noch daran erinnert.

QUICKIE

>> Stuttgarts größte Litfaßsäule war einst mit Flakgeschützen ausgestattet. Der Hochbunker auf dem Pragsattel wurde im Kriegsjahr 1942 als Luftschutzturm erbaut. Sein Architekt war Paul Bonatz, der ebenfalls den Stuttgarter Hauptbahnhof entwarf. Die Natursteine, die den Turm ursprünglich umgaben, wurden nach dem Krieg entfernt, sein Inneres zu einem Männerwohnheim umgebaut. Wegen des Kalten Krieges wurde er jedoch in den 1960er-Jahren wieder instand gesetzt. Heute ist der Hochbunker wegen seiner großen Werbeschriftzüge und der Videowand kaum zu übersehen. <<

VON TRADITION & PEST

Stuttgart ist Mutterstadt einer heiß geliebten und zugleich sehr verhassten schwäbischen Tradition: der Kehrwoche. Graf Eberhard im Bart gilt als Erfinder dieses Reinlichkeitsrituals. Schon im Stuttgarter Stadtrecht von 1492 stand geschrieben: „Damit die Stadt rein erhalten wird, soll jeder seinen Mist alle Wochen hinausführen." Dem Grafen war bewusst, dass viele Krankheiten und auch die Pest nur durch mehr Hygiene und Sauberkeit in der Residenzstadt einzudämmen waren. Der Bürger musste damals also per Gesetz dazu animiert werden, den Unrat vor die Stadtmauern zu tragen. Im Jahre 1988 wurde die Kehrwoche zwar offiziell aus der Gemeindesatzung gestrichen, jedoch wird sie bis zum heutigen Tage von ihren Bürgern ***zelebriert.***

VON TREPPENTURM & GALGENFRIST

32 33

Das ***Schocken*** ist vielen Stuttgartern ein Begriff. Den älteren aus Erinnerungen an ein beliebtes Kaufhaus, den jüngeren als Discothek, die den Namen des Kaufhauses weiterführt. Die Brüder Schocken gründeten 1904 in Oelsnitz/Sachsen ihr erstes Kaufhaus. 1928 eröffneten sie schließlich ihre Filiale in Stuttgart gegenüber dem Tagblatt-Turm. Der namhafte Architekt Erich Mendelsohn entwarf diesen Schocken-Bau, ein herausragendes Beispiel des Neuen Bauens der 1920er-Jahre. Sein halbrunder, vollverglaster Treppenturm war besonders markant. Da die Familie Schocken jüdisch war, wurde sie 1938 im Zuge der ***Arisierung*** enteignet. Im Zweiten Weltkrieg wurde das Stuttgarter Kaufhaus Schocken schwer beschädigt und brannte gänzlich aus. Glücklicherweise konnte es trotzdem wieder aufgebaut werden – doch das sollte nur eine Galgenfrist für das Schocken sein. Denn trotz internationaler Proteste beschloss die Stadt Stuttgart 1960, das Gebäude zum Abriss freizugeben. „Unwirtschaftlich und nicht mehr zeitgemäß", so die Begründung. Heute trauert man dieser Entscheidung nach. Das markante Treppenhaus wurde bei einem Neubau des Bosch-Areals zum Vorbild genommen. Dies sollte als Hommage an das bekannte Kaufhaus ***Schocken*** gelten.

VON WADEN & RUTSCHEN

Stuttgarter haben stramme Waden. Mehr als 400 Stäffele – die für Stuttgart typischen Treppenanlagen – gibt es im Stadtgebiet. Diese praktischen Abkürzungen zwischen den Straßenzügen auf den Hügeln gehen zurück auf die Zeit, als die Hänge des Talkessels noch von Winzern bewirtschaftet wurden. Als sich die Hänge im 19. Jahrhundert zu ganzen Wohngebieten wandelten, wurden diese Stäffele zu breiteren Treppenanlagen ausgebaut.

Um die Stuttgarter zu necken, bekamen sie daher von den umliegenden Gemeinden schnell den Spitznamen ***Stäffelesrutscher.*** Mit nahezu 20 Kilometern Treppenanlagen hat man da einen langen Rutsch vor sich.

QUICKIE

>> Die ***kleine Schwester*** des Fernsehturms ist der 192 Meter hohe ***Fernmeldeturm*** auf dem Frauenkopf. Dieser 1972 eingeweihte Turm leistet heute weit mehr als der ältere Fernsehturm. Er übernimmt derzeit sogar dessen ursprüngliche Aufgabe: die Fernsehausstrahlung. Neben dem Hörfunk ist er vor allem für den Mobilfunk verantwortlich, da er im Besitz der Deutschen Telekom ist.<<

34

VON WAPPEN & WAND

In der Nachkriegszeit war Stuttgart ein Vorreiter beim Knüpfen internationaler Bande. Schon drei Jahre nach Kriegsende schloss man 1948 eine Städtepartnerschaft mit St. Helens in Großbritannien. 1992 ging Stuttgart mit dem russischen Samara die bisher letzte Partnerschaft ein. Acht weitere Städte auf der ganzen Welt kamen über die Jahrzehnte hinzu: Cardiff (GB), St. Louis (USA), Straßburg (F), Mumbai (IND), Menzel (TN), Kairo (ET), Łódz (PL) und Brünn (CZ). Alle zehn Wappen der Partnerstädte hängen im Foyer des Rathauses. Zudem sind sie in einem kreisrunden bunten Bodenbelag auf der Königstraße (auf Höhe Schul- bzw. Büchsenstraße) verewigt. Weitere Freundschaften unterhält man auch zu Städten in Japan, China und Israel. Städtepartnerschaften sind vor allem enge Beziehungen in kulturellen und wirtschaftlichen Belangen, aber auch für den Austausch im Bereich Städtebau, Mobilität oder Ökologie.

VON WASEN & WIESN

Was die Münchner ***Wiesn*** ist, weiß jeder, aber was ist ein Wasen? Im Grunde das Gleiche, nur feuchter. Als Wasen bezeichnet man ein mooriges Gebiet oder eine nasse Wiese. Diese Feuchtgebiete befinden sich meist an Flüssen, Bächen oder Seen. Als der Neckar noch nicht kanalisiert war, war der ***Cannstatter Wasen*** genau ein solches Gebiet. Seit Langem ist die Veranstaltungsfläche von Volksfest und ***Stuttgarter Frühlingsfest*** trocken gelegt und frei von Gras. Einen festen Boden musste der Wasen auch bieten, da schon zu Beginn der Verkehrsluftfahrt – zwischen 1900 und 1925 – die Fläche als Flugfeld diente. Ballone, Zeppeline und Flugzeuge hoben von hier ab. Doch außer das Rätsel um den Namen führt bei Besuchern oft auch der Artikel zu Verwirrung: ***DER Wasen*** und ***DIE Wiesn*** mögen in Geschichte und Tradition viel gemein haben, den Begleiter aber sicher nicht.

>> Nach Einwohnern ist Stuttgart zwar die sechsgrößte Stadt Deutschlands, bezogen auf die Flächengröße mit 207 Quadradtkilometern jedoch ein Winzling. In Baden-Württemberg ist Stuttgart auch in Quadradtkilometern die Nummer eins, bundesweit aber nur auf Platz 89, noch hinter Kremmen in Brandenburg und Sangerhausen in Sachsen-Anhalt! <<

VON HANNIBAL & GIGANTOMANIE

Mitten im Wald, umgeben von Feldern und Wiesen, leben rund 1.800 Menschen, und das in nur drei Gebäuden. Die ***Wohnstadt Asemwald*** wurde über viele Jahre hinweg unter dem Namen ***Hannibal*** geplant. Die Architekten entwarfen zunächst eine 650 Meter lange Wohnhausscheibe mitten im Wald. Diese teilten sie schließlich in drei große Wohnblöcke auf, die 1971 bezogen wurden. Vorbilder hierfür waren Le Corbusiers ***Wohnmaschinen*** in Marseille. Hierzulande gab es solche Wohnhausgiganten bisher nicht, und somit war das Projekt sehr umstritten. Von „Großmannssucht" und „Gigantomanie" war in den Zeitungen zu lesen. Mit seinen 1.137 Wohnungen zählt ***Hannibal*** zu den größten Wohnanlagen Deutschlands. Die 70 Meter hohen Gebäude kündigen Stuttgart schon von Weitem an. Die drei Hochhäuser bieten alles, was ein eigenes Städtchen benötigt: ein Ladenzentrum, Fitnesscenter, Friseur, Reinigung, Kindergärten, Tennisplätze und Grünanlagen. Und wem das nicht genügt, dem werden hier sogar ein Höhenrestaurant und ein Panorama-Schwimmbad geboten.

VON HASE & OASE

Meister Lampe hat in Stuttgart – so scheint es – sein Paradies gefunden. Im Rosensteinpark gibt es daher auf engstem Raum die größte Feldhasenpopulation Deutschlands. 140 Tiere wurden hier auf dem Quadratkilometer gezählt, der bundesweite Durchschnitt liegt bei ca. 20 Hasen. Auf keiner Wiese und in keinem Wald der Republik tummeln sich somit mehr Langohren auf einem Haufen. Vor allem in einer Großstadt ist dies einmalig. Ein Grund hierfür ist, dass die Hasen seit vielen Jahren wie auf einer Insel leben. Sie hoppeln vom Löwentor bis in den Oberen Schlossgarten hinein gänzlich ungestört, auch wenn die grüne Oase von Bundesstraßen, die gelegentlich nur von Brücken überspannt sind, umgeben sind. Ein Feldhase verirrt sich selten über eine solche und bleibt also, wo er ist. Frisches Blut kommt allerdings eher nicht in den sehr einseitigen Stammbaum der Großfamilie, welcher vermutlich auf ein paar wenige Tiere zurückzuführen ist. Dass dies auf Dauer nicht gesund sein kann, scheint die mümmelnden Gesellen bisher jedoch nicht im Geringsten zu stören. Der Rosensteinpark ist jagdfreies Gebiet und der einzige natürliche Feind – der Fuchs – scheint lieber seine Pfoten von den Feldhasen zu lassen. Warum, das weiß keiner so wirklich. Meister Lampe soll es recht sein.

VON VULKAN & VIEH

Das jährlich stattfindende ***Cannstatter Volksfest*** gilt mit seinen rund 4,5 Millionen Besuchern nach dem Münchner Oktoberfest als das zweitgrößte Volksfest Deutschlands. Die Städte Herne und Bremen sind den Stuttgartern hier zwar dicht auf den Fersen – einen Titel hat der Wasen aber sicher: Mit seinen 320 Betrieben ist er das größte Schaustellerfest Europas. Sein Ursprung geht zurück auf eine Zeit, als es der Wirtschaft in Württemberg aufgrund des Krieges schlecht ging und die Landwirtschaft zudem unter einer jahrelangen Schlechtwetterperiode litt. 1815 gab es in Indonesien einen gigantischen Vulkanausbruch, der durch die ausgestoßenen Gase und Asche zu schlechten Ernten im Königreich Wilhelm I. führte. Um die Wirtschaft wieder anzukurbeln und um auf bessere Zeiten einzustimmen, ließ der König im Jahre 1818 ein landwirtschaftliches Fest auf dem Wasen austragen. Pferderennen und die Auszeichnung von Vieh waren damals das Leitthema. Volksfestbuden gab es nur am Rande. Dies änderte sich jedoch in den nächsten Jahrzehnten – bis hin zu den heutigen Ausmaßen von rund 35 Hektar Rummelspaß. Das Cannstatter Volksfest hat also seine eigene, lange Geschichte und ist alles andere als eine Kopie des Münchner Oktoberfests.

VON WAGNER & LISZT

35

Bis in die 1930er-Jahre war das ***Hotel Marquardt*** das erste Haus am Platz.

1857 kaufte der Gastronom Wilhelm Marquardt das Café Gauger, ein Eckgebäude an der Königstraße, und ließ es zu einem Hotel umbauen. Schnell machte sich das Gasthaus in Deutschland einen Namen, und so wurde rund 15 Jahre später ein stattlicher Neubau an seiner Stelle nötig. Die reich geschmückte Fassade erhielt Elemente aus der Renaissance und des Barocks. Im Inneren war das Hotel mit seinen 150 Zimmern jedoch auf dem neuesten Stand der Technik. Robert Bosch persönlich baute hier beispielsweise die seinerzeit modernste Klingelanlage ein.

Da das Gebäude am Schlossplatz nun direkt an den Centralbahnhof anschloss, erhielten die Bahnreisenden einen direkten Eingang zum Nobelhotel. Denn so illustre Gäste wie Richard Wagner, Otto von Bismarck, Graf von Zeppelin und Franz Liszt stiegen hier seinerzeit ab. Nach dem Krieg vereinfacht wieder aufgebaut, befinden sich heute im Gebäude Ladengeschäfte, ein Kino und im alten Festsaal des Hotels das Theater ***Komödie im Marquardt***.

VON WERTPAPIER & VARIETÈ

36

Viele bezeichnen den ***Königsbau*** am Schlossplatz heute noch als ***Börse***. Schließlich war dies viele Jahre in großen Lettern an der Fassade zu lesen. Die Geschichte des heimischen Handelsplatzes beginnt auch hier im Jahre 1861, als im neu errichteten Königsbau der ***Stuttgarter Börsenverein*** – eine Wertpapierbörse – gegründet wurde. In ihrer über 150-jährigen Geschichte wechselte die Börse mehrere Male den Standort. Unter anderem waren die Kronprinzstraße und die Büchsenstraße Adressen des Handelsplatzes, um von 1991 bis 2002 wieder im Gründungshaus – dem ***Königsbau*** – zu landen. Als der große BÖRSE-Schriftzug über den Säulen des herrschaftlichen Gebäudes wieder verschwand, wanderte er weiter zu seinem heutigen Standort: dem ***Carl-Eugen-Bau***. Die Börse Stuttgart ist eine Erfolgsgeschichte, ist sie heute doch der zweitgrößte Handelsplatz Deutschlands und rangiert im europäischen Vergleich derzeit auf Platz zehn. Um die Bedeutung für Stuttgart zu honorieren, wurde der Straßenzug vor dem heimischen Gebäude in ***Börsenstraße*** umbenannt, und der namenlose Platz vor dem ***Varieté*** bekam nun endlich sein Namensschild: ***Börsenplatz***.

VON ZIGARETTEN & ASTORIA

Aus Stuttgart kommen nicht nur Daimler, Porsche und Bosch – auch die ***Waldorfschule*** ist ein Exportschlager geworden. Die erste Schule dieser Art, basierend auf der ***Anthroposophie***, eröffnete 1919 im Osten der Stadt. Der Fabrikant Emil Molts, der selbst ein Anhänger dieser neuen Philosophie war, wünschte sich für die Kinder der Arbeiter seiner Zigarettenfabrik eine eigene Schule, die auf dieser Weltanschauung basieren sollte. Hierfür bat er deren Begründer, Rudolf Steiner, nach Stuttgart, um die Ausbildung des Lehrerkollegiums selbst zu leiten. Auf der ***Uhlandshöhe*** hoch über der Stadt entstand schließlich ein außergewöhnliches Schulgebäude. Diese geschwungene ***organische*** Architektur war Vorbild für alle folgenden Waldorfschulen. Der Name der Schule geht auf Emil Molts' Firma zurück: die ***Waldorf-Astoria-Zigarettenfabrik***. Als ***Astoria-Betriebsschule*** gegründet, wurde die Lehranstalt bald unter ihrem heutigen Namen bekannt. Weltweit existieren heute über 1.000 Waldorfschulen, die vor allem in Deutschland, den USA und in den Niederlanden vertreten sind.

QUICKIE

>> Obwohl kaum einer die ***Großkopfete*** in der Stadt haben wollte, hatte sich Stuttgart – wie auch Frankfurt, Kassel und Bonn – 1949 bereit erklärt, die neue Bundesregierung aufzunehmen. Neues und Altes Schloss, das Gustav-Siegle-Haus und die Karlsschule plante man für die Unterbringung der Politiker ein. Für Staatsakte sah man den Kursaal in Bad Cannstatt und Schloss Solitude vor. <<

VON WAHRZEICHEN & JOGHURT

Dass der Fernsehturm der weltweit erste seiner Bauart in Stahlbeton ist, sollte jeder Stuttgarter wissen. Weniger bekannt ist sicher seine Finanzierung. Das Wahrzeichen der Landeshauptstadt kostete rund 4,2 Millionen DM und war damit mehr als doppelt so teuer wie ursprünglich geplant. Um die Kosten schnell wieder hereinzubekommen, überlegte man früh schon, wie er gut zu vermarkten sei. Es wurde sogar geprüft, ob man den Mast des Turmes als Aufsatz für einen Mercedes-Stern mit zehn Metern Durchmesser nutzen konnte. Auch Firmen wie Bosch oder AEG wurden in die Werbeplanungen mit einbezogen. Eine kuriose Idee sah sogar vor, den Turmkorb zu einem Joghurtbecher umzugestalten. Glücklicherweise verwarf man jegliche Idee der Markenwerbung schnell wieder. Gute Einnahmen von Pacht und Eintritt sorgten dafür, dass der Fernsehturm in nur zehn Jahren praktisch bezahlt war. Eine Aufzugfahrt zur Aussichtsplattform kostete bei der Eröffnung 1956 noch 1,50 DM pro Erwachsenen.

VON PAVILLON & TENNISPLATZ

Auf einer Anhöhe am Bopser, wo einst die Weißenburganlage der Grafen von Wirtenberg stand, erbaute man 1844 eine herrschaftliche Villa, die Ende des 19. Jahrhunderts vom Stuttgarter Unternehmer Ernst von Sieglin erworben wurde. Dieser wollte den Garten seines Anwesens aufwerten und beauftragte einen Architekten mit der Planung eines Pavillons und eines Festsaals.

Das Teehaus – ein runder Pavillon mit Kuppeldecke und Rokokobemalung – ist seit 1913 ein Blickfang im Park. Unterhalb dieses Jugendstilbaus befindet sich der Marmorsaal, welcher in den Hang hinein gebaut wurde. Das Außergewöhnliche: Das Dach beherbergte einen Tennisplatz.

Die Villa wurde in den 1960er-Jahren abgerissen, doch die Schmuckstücke der Gartenlandschaft sind erhalten geblieben und allen Bürgern der Stadt zugänglich. Zuletzt konnte der klassizistische Marmorsaal durch ein Bürgerengagement nach rund 20 Jahren des Verfalls gerettet werden, er bietet heute für Hochzeiten, Lesungen und Konzerte eine prunkvolle Kulisse.

VON PERSONEN & GEPÄCK

„Nächster Halt: Westbahnhof!" So erklang noch bis 1985 die Ansage in den Zügen, die auf der Gäubahn in Richtung Bodensee unterwegs waren. Zu Zeiten des Königs wurde ab 1879 diese Strecke eingeweiht, und mit ihr ein kleiner Bahnhof am Rande des Talkessels: die Haltestelle ***Hasenberg***. Da die Strecke zunächst eingleisig war, wurde dieser Halt primär dazu angelegt, dass sich an dieser breiteren Stelle die Züge auf zwei Gleisen kreuzen konnten. Die Station wurde weiter für den Personen- und Gepäckverkehr ausgebaut, um den Centralbahnhof in der Stadt zu entlasten. Daraufhin wurde er 1895 in ***Stuttgart-Westbahnhof*** umbenannt, und vier Jahre später bekam er zudem einen Straßenbahnanschluss. Jedoch verlor der Westbahnhof mit der Eröffnung der S-Bahn-Station genau 100 Jahre später an Bedeutung für den Personenverkehr. Die Straßenbahnlinie wurde eingestellt, und einige Jahre später hielten an der Station nur noch Güterzüge. Seit selbst diese jenen Abschnitt der Gäubahn nicht mehr regulär befahren, erklingt heute nur noch in den Bussen der SSB die bekannte Damenstimme, die noch immer die alte Station ankündigt.

37

>> Über dem Hauptportal des alten Rathauses thronte die Bronzefigur der ***Stuttgardia***, welche die Bürgerschaft verkörpert und diese beschützen soll. Sie überstand den Krieg, wurde jedoch an den rechten Flügel des neuen Rathauses versetzt. Gestaltet wurde die Figur nach dem Ebenbild der jüdischen Stuttgarterin Else Weil, die schließlich in die USA flüchten musste. Sie liegt heute in ihrer alten Heimat auf dem ***Pragfriedhof*** begraben. <<

VON ZEITUNG & PATERNOSTER

Der Tagblatt-Turm am oberen Ende der Eberhardstraße war Stuttgarts erster ***Wolkenkratzer***. 1928 wurde er eingeweiht und gilt als erstes in Sichtbeton ausgeführtes Hochhaus Deutschlands im Stil des ***Neuen Bauens***; er war daher nicht unumstritten. Eine Besonderheit war der damals weltweit höchste, 15 Stockwerke verbindende Paternoster, der jedoch in den 1960er-Jahren durch einen Aufzug ersetzt worden war. Mit seinen 61 Metern Höhe über 18 Etagen war das Hochhaus fortan der Sitz der Zeitung ***Stuttgarter neues Tagblatt***. Nach dem Zweiten Weltkrieg – den er fast unbeschadet überstand – erfüllte er lange den gleichen Zweck für die ***Stuttgarter Zeitung***. Seit einem Umbau der angrenzenden Gebäude ***unterm Turm*** ist er Namensgeber für viele Kulturstätten, die sich dort angesiedelt haben.

38

>> Das ***Neue Lusthaus*** am Schlossplatz aus dem 16. Jahrhundert war eines der berühmtesten Bauwerke der deutschen Renaissance. Es wandelte sich über die Jahrhunderte vom Opernhaus bis zum Hoftheater, und sein ursprüngliches Aussehen ging dabei gänzlich verloren. 1902 wurde das Gebäude durch einen Brand zerstört. Die letzten Überreste des Lusthauses – ein Arkadengang und Treppenläufe – wurden 1904 in den Mittleren Schlossgarten versetzt.<<

VON SCHULD & GOTTESHAUS

Die Markuskirche in Stuttgart-Süd ist Zeitzeuge eines großen Ereignisses der evangelischen Kirche in Deutschland. Das 1908 von König Wilhelm II. feierlich eingeweihte Gotteshaus erlangte am 17. Oktober 1945 großes Interesse. Die nach dem Zweiten Weltkrieg neu gegründete evangelische ***Kirche in Deutschland*** hatte eine Ratstagung in Stuttgart abgehalten. Zu diesem Anlass kündigte sich überraschend auch der ***Weltkirchenrat*** an, der eine Versöhnung mit den Deutschen anstrebte. Im Abendgottesdienst sprachen Bischof Wurm, Pastor Niemöller und Bischof Dibelius eine machtvolle Predigt: „Es genügt nicht, den Nazis die Schuld zu geben, auch die Kirche muss ihre Schuld bekennen." Dieser Abend in der Markuskirche gilt als Basis für das ***Stuttgarter Schuldbekenntnis*** der evangelischen Kirche in Deutschland, das dem Weltkirchenrat zwei Tage später vorgelegt wurde.

VON SIEDLUNG & KOLONIE

Ein Stück Städtebaugeschichte in Stuttgart ist die Arbeitersiedlung Ostheim: Als die beschauliche Residenzstadt rasch zu einer Industriemetropole heranwuchs, nahm sich der ***Verein für das Wohl der arbeitenden Klassen*** des Mangels an Wohnraum für die einfachen Leute an. Es entstand somit am Reißbrett die ***Kolonie Ostheim,*** eine Arbeitersiedlung am östlichen Ende der Stadt. Innerhalb von zwölf Jahren war sie bis zum Jahre 1903 fertiggestellt und bezugsfertig.

Es entstanden 383 Häuser mit 1.267 bezahlbaren Wohnungen. Trotz einheitlicher Planung sollten die zwei- und dreistöckigen Häuschen auch Individualität ausstrahlen. So verwendete man beim Bau verschiedenfarbige Backsteine und gestaltete die Dächer, Türmchen und Erker unterschiedlich. Eines hatten alle Gebäude jedoch gemeinsam: „Jedem Häuschen ein kleines Gärtlein", hieß es bei der Planung. In manchen Straßenzügen findet man daher die typischen Vorgärtchen. Das Zentrum der Siedlung bildete der Teckplatz (heute: Eduard-Pfeiffer-Platz) mit dem Jünglingsbrunnen. Da der ursprüngliche Charakter der Kolonie Ostheim noch größtenteils erhalten ist, steht die gesamte Siedlung heute unter Denkmalschutz.

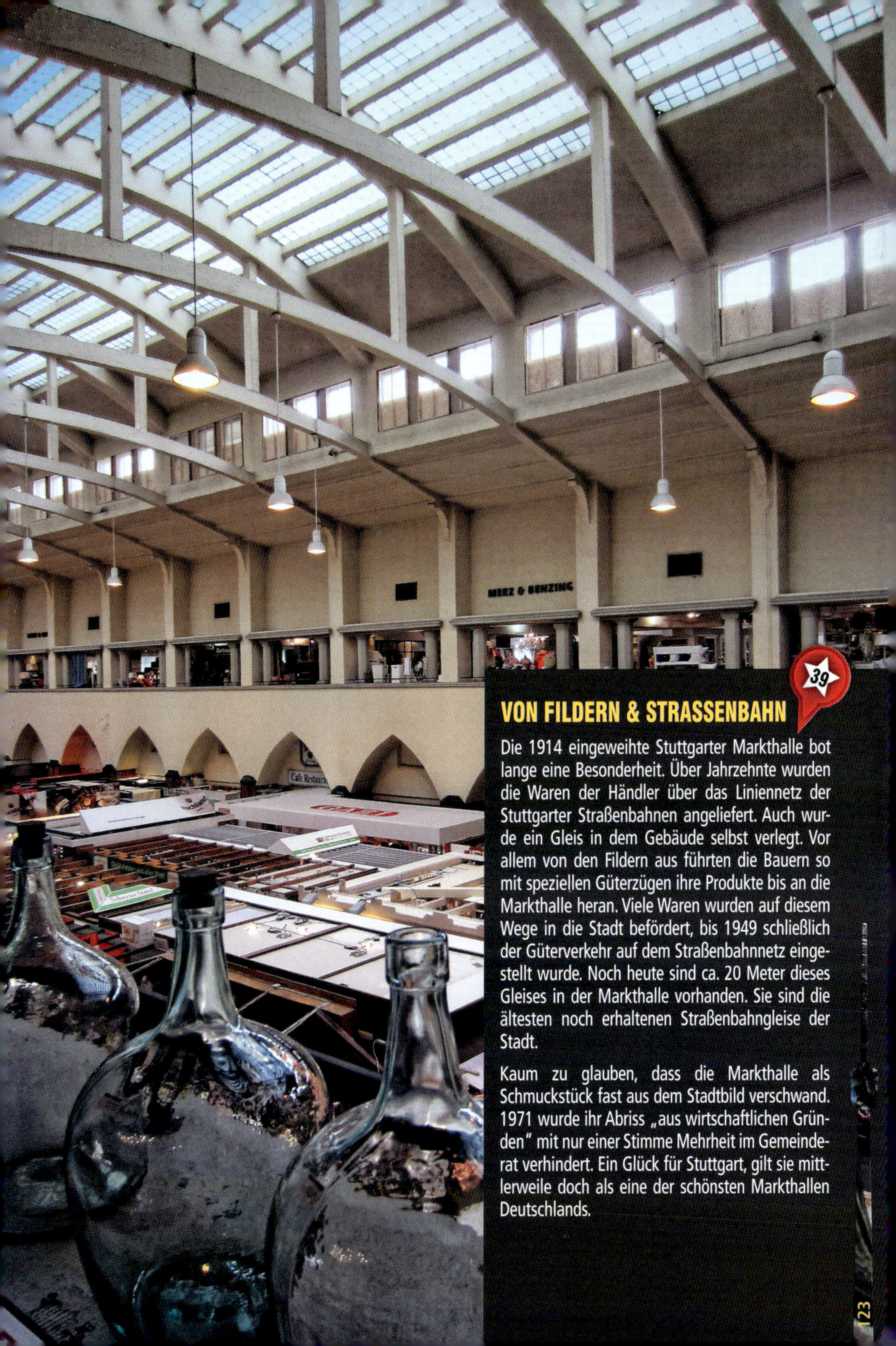

39

VON FILDERN & STRASSENBAHN

Die 1914 eingeweihte Stuttgarter Markthalle bot lange eine Besonderheit. Über Jahrzehnte wurden die Waren der Händler über das Liniennetz der Stuttgarter Straßenbahnen angeliefert. Auch wurde ein Gleis in dem Gebäude selbst verlegt. Vor allem von den Fildern aus führten die Bauern so mit speziellen Güterzügen ihre Produkte bis an die Markthalle heran. Viele Waren wurden auf diesem Wege in die Stadt befördert, bis 1949 schließlich der Güterverkehr auf dem Straßenbahnnetz eingestellt wurde. Noch heute sind ca. 20 Meter dieses Gleises in der Markthalle vorhanden. Sie sind die ältesten noch erhaltenen Straßenbahngleise der Stadt.

Kaum zu glauben, dass die Markthalle als Schmuckstück fast aus dem Stadtbild verschwand. 1971 wurde ihr Abriss „aus wirtschaftlichen Gründen" mit nur einer Stimme Mehrheit im Gemeinderat verhindert. Ein Glück für Stuttgart, gilt sie mittlerweile doch als eine der schönsten Markthallen Deutschlands.

>> Die Zahnradbahn, die den Stuttgarter Süden mit Degerloch verbindet, ist eine von nur noch vier Zahnradbahnen in Deutschland. Als einzige ist sie jedoch Teil des ÖPNV und dient nicht nur als Touristenattraktion. Sie wird bei den ***Stuttgarter Straßenbahnen*** als ***Linie 10*** geführt. Auch die Standseilbahn in Heslach gehört zum regulären Betrieb der SSB und trägt die Liniennummer 20. <<

VON HAUT & BONAPARTE

König Friedrich von Württemberg war ein stattlicher Mann mit stattlichem Bauch. Es gibt die Legende, dass für Friedrich eine Rundung in die Platte seines Schreibtisches gesägt werden musste, damit er trotz seiner Körperfülle nahe genug an die Schriftstücke auf diesem heranrücken konnte. Vom Volk wurde er daher auch der ***dicke Friedrich*** genannt. Beeindruckt von seinen 2,11 Metern Körpergröße bei 200 Kilogramm waren wohl auch seine adligen Zeitgenossen, unter anderem auch der, der ihn beförderte. Durch Napoleon Bonaparte wurde Württemberg erst zum Kurfürstentum und schließlich zum Königreich ernannt und Herzog Friedrich II. damit zu König Friedrich I. Als der kleine Napoleon erstmals auf den Herzog traf, soll Ersterer gesagt haben: „Ich wusste gar nicht, dass sich die Haut überhaupt so weit ausdehnen kann!" Friedrich entgegnete daraufhin: „Und ich bin erstaunt, dass in einem so kleinen Kopf so viel Gift stecken kann!"

VON HELDEN & HOLLYWOOD

Zugegeben, eine Filmstadt ist Stuttgart nicht gerade. Superhelden führte es jedoch trotzdem in die Schwabenmetropole. Denn eine Schlüsselszene des Hollywoodstreifens ***The Avengers*** spielt in der Stadt. Die Comic-Helden stellen hier in einer actionreichen Schlacht den Bösewicht Loki. Leider hat dieses Stuttgart wenig mit dem unseren gemein. Mit ein paar Straßenschildern, die bekannte Namen tragen, oder einigen grünen Polizeiautos mit Stuttgarter Kennzeichen hat man in den Studios in Cleveland nicht ganz das Stadtbild der Landeshauptstadt getroffen.

QUICKIE

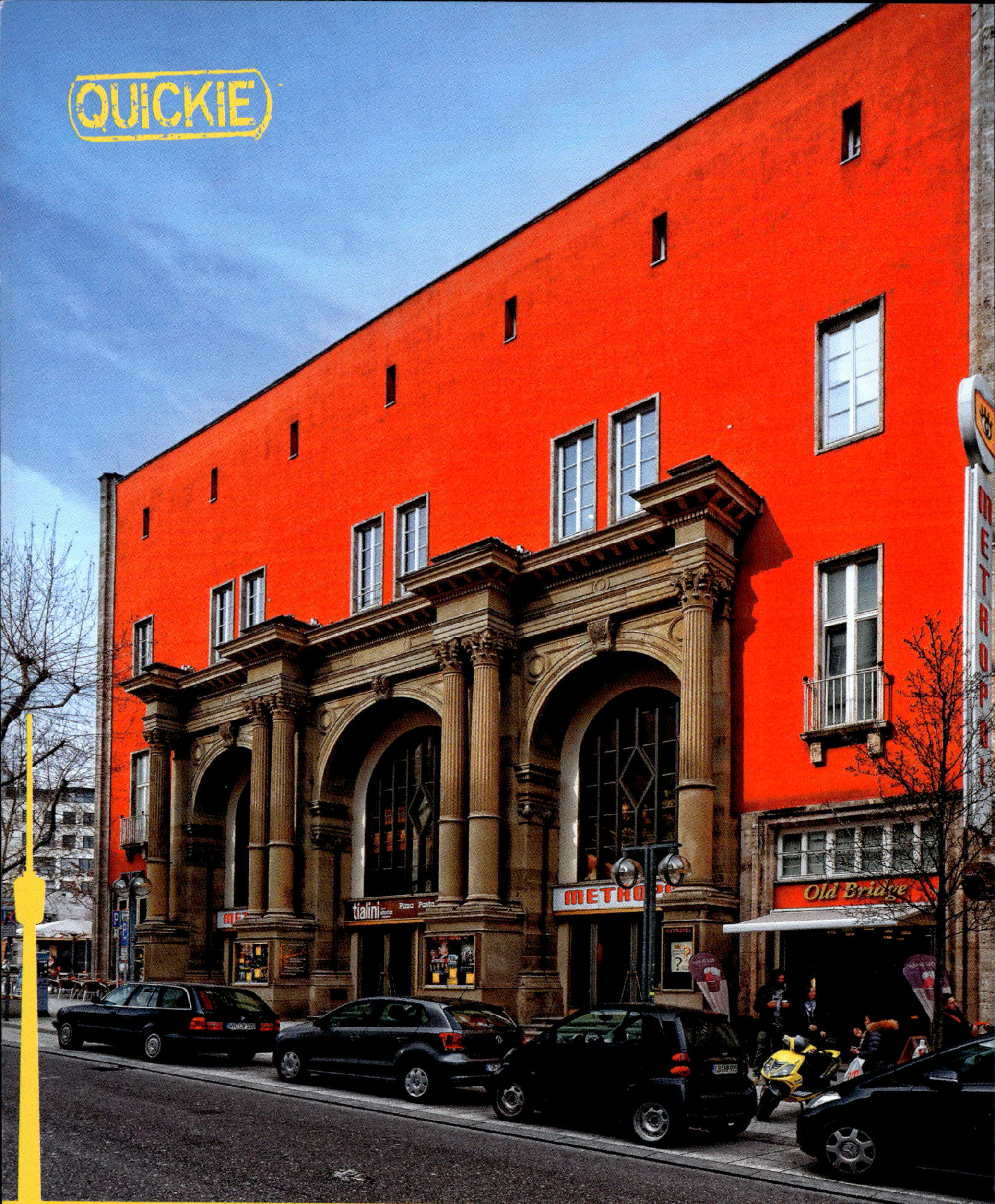

>> Lange vor dem SI-Centrum hatte Stuttgart bereits einen Erlebniskomplex. Nachdem der alte Zentralbahnhof ausgedient hatte, wurde er in den 1920er-Jahren zum Ufa-Palast mit Kinosaal umgebaut. Auch nach dem Krieg zog hier 1949 mit dem Metropol-Palast wieder ein Kino ein. Doch auch ein Varieté, Spielcasino, Konzertcafé, Restaurant und Bierstube eröffneten im alten Bahnhof. Und 65 Jahre später ist noch immer ein Kino der Hauptmieter. <<

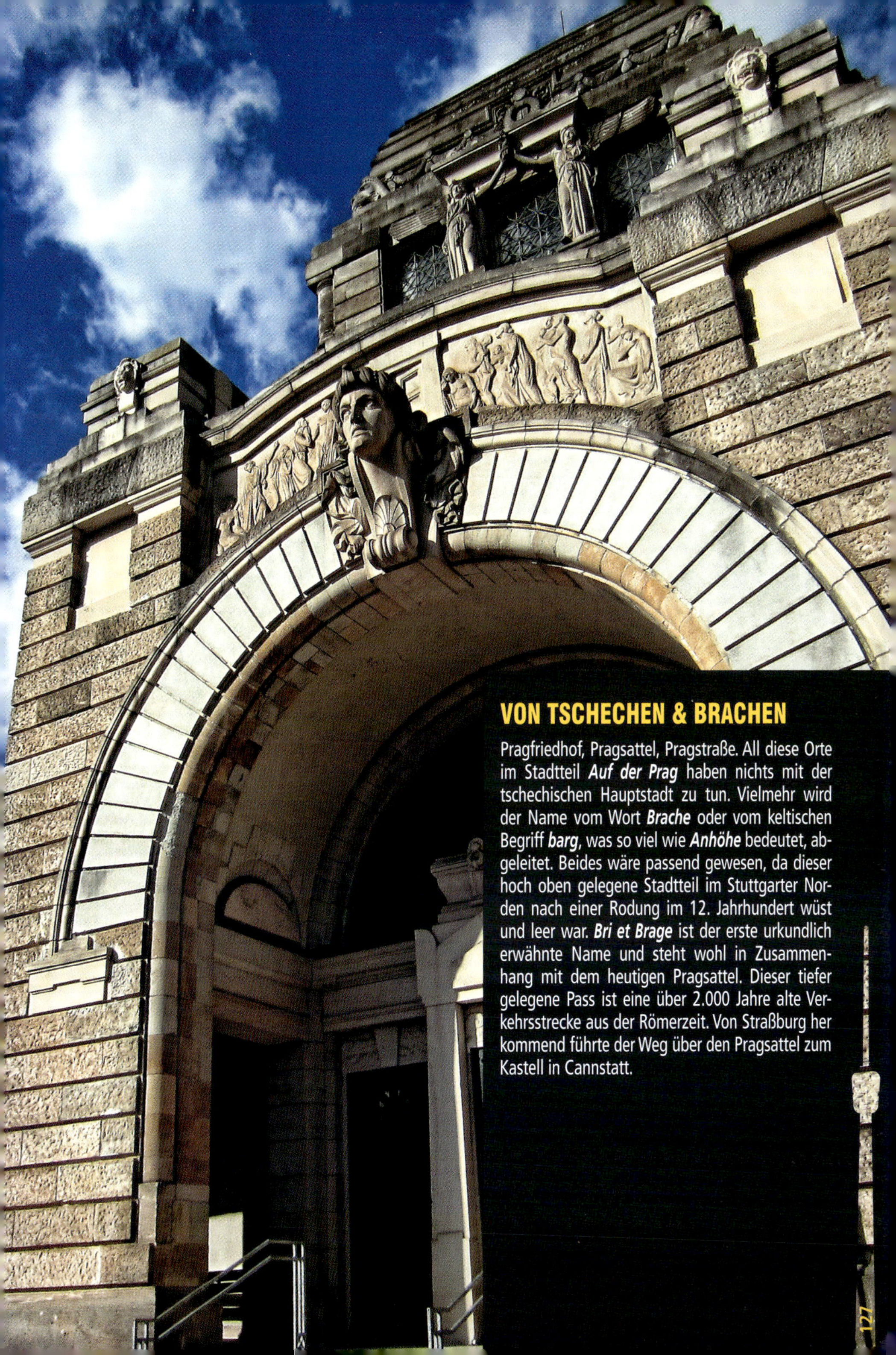

VON TSCHECHEN & BRACHEN

Pragfriedhof, Pragsattel, Pragstraße. All diese Orte im Stadtteil ***Auf der Prag*** haben nichts mit der tschechischen Hauptstadt zu tun. Vielmehr wird der Name vom Wort ***Brache*** oder vom keltischen Begriff ***barg***, was so viel wie ***Anhöhe*** bedeutet, abgeleitet. Beides wäre passend gewesen, da dieser hoch oben gelegene Stadtteil im Stuttgarter Norden nach einer Rodung im 12. Jahrhundert wüst und leer war. ***Bri et Brage*** ist der erste urkundlich erwähnte Name und steht wohl in Zusammenhang mit dem heutigen Pragsattel. Dieser tiefer gelegene Pass ist eine über 2.000 Jahre alte Verkehrsstrecke aus der Römerzeit. Von Straßburg her kommend führte der Weg über den Pragsattel zum Kastell in Cannstatt.

VON UFER & STRAND

Der größte See Stuttgarts war einmal ein Badesee. Seine Entstehung verdankt der Max-Eyth-See dem Kiesabbau ab 1925 direkt am Neckar in Stuttgart-Hofen. Im Zuge der Kanalisierung des Flusses rund zehn Jahre später wurde die entstandene Grube geflutet. Dem See – der damals eher eine Ausbuchtung des Neckars war – sah man damals noch deutlich an, dass er künstlich angelegt worden war. Es gab an den kantigen Ufern eine Strandbar, einen Leuchtturm und Ausflugsschiffe. Nach und nach wurde der See mehr vom Neckar abgetrennt und seine Ufer natürlicher gestaltet. Seit 1961 steht er unter Landschaftsschutz, und später wurde sogar eine kleine Vogelschutzinsel eingerichtet. Das Baden im See ist daher heute nicht mehr gestattet. Zudem war die Wasserqualität über Jahrzehnte sehr bedenklich. Da das Gewässer im Sommer immer wieder kurz vor dem Umkippen stand, wurde es 2008 gänzlich vom Neckarwasser getrennt und wird seither durch zwei Leitungen mit Frischwasser versorgt. Der See trägt seinen Namen zu Ehren des Ingenieurs und Schriftstellers ***Max Eyth***, der ab 1852 am Stuttgarter Polytechnikum Maschinenbau studierte. Er gilt als Pionier bei der Entwicklung der Dampfmaschinen und ist Gründer der ***Deutschen Landwirtschafts-Gesellschaft***.

VON URBAN & WELTRUHM

Das ***Stuttgarter Ballett*** zieht seit Jahrzehnten seine eigenen Stars heran. Der Name John Cranko – ein britischer Tanzregisseur und Choreograf – ist mit dem Ballett der Landeshauptstadt für immer verbunden. 1961 wurde Cranko Direktor des ***Stuttgarter Balletts*** und führte es in kürzester Zeit zu Weltruhm. Um immer die Besten der Besten im eigenen Ensemble zu haben, gründete er zehn Jahre später seine eigene Ballettschule. Kurz darauf wurde diese zu einer staatlichen Ballettakademie. Die Schule war deutschlandweit die erste Ausbildungsstätte für klassischen Tanz von der Unterstufe bis zum Abschluss mit staatlichem Diplom. Heute teilen sich die Ballettschüler des ***Württembergischen Staatstheaters*** die Lehranstalt mit den Schülern der ***Staatlichen Ballettakademie***. Wie das ***Stuttgarter Ballett*** zur Spitzenklasse gehört, so gehört auch die ***John-Cranko-Schule*** zu den renommiertesten Ballettschulen der Welt. Trotz Weltklasse ist sie seit Jahrzehnten in unangemessenen Räumlichkeiten untergebracht. So wird die Schule in naher Zukunft von der Urbanstraße an den Urbanplatz in einen Neubau ziehen, wo neben vielen Proberäumen auch das eigene Internat für ausländische Schüler wieder seinen Platz finden wird.

40

VON BIERGARTEN & WAISEN

Wo man heute im Innenhof sein Radler im Biergarten genießt, exerzierten einst junge Burschen in Uniformen und wuschen sich Trunkenbolde und „boshafte Eheleute“ am Brunnen. Das ***Alte Waisenhaus*** am Karlsplatz wurde ab 1705 ursprünglich als Kaserne für die Leibgarde des Herzogs begonnen. Noch vor Beendigung der Bauarbeiten beschloss dieser jedoch den Umzug nach Ludwigsburg, und so ging das Gebäude an die Stadt Stuttgart über, die eine neue Unterkunft für die Waisenkinder suchte. 1712 wurde das barocke Gebäude somit als Waisen-, Zucht- und Arbeitshaus vollendet. Es war seinerzeit üblich, die elternlosen Kinder zusammen mit Verarmten, Fanatikern, Spielern und anderen „schweren Fällen“ gemeinsam in einer Anstalt zu erziehen. Bis zum Umzug des Waisenhauses nach Ellwangen 1922 wurden hier rund 100.000 Kinder erzogen. Ursprünglich nur halb so groß, erreichte das ***Alte Waisenhaus*** schließlich nach dem Auszug der Kinder seine heutige Größe und Form. Seit seiner Fertigstellung 1925 ist hier das Institut für Auslandsbeziehungen e. V. beheimatet, später kamen unter anderem ein großes Kaffeehaus und ein Restaurant als Mieter hinzu.

>> Die Kolonnade des ***Königsbaus*** besteht aus 26 ionischen Säulen, von denen der König begeistert war. Er forderte die Baumeister auf, noch mehr Säulen in der Fassade unterzubringen. Erst als man ihm veranschaulichte, dass die Damen mit ihren breiten Reifröcken dann nicht mehr zwischen den eng stehenden Säulen hindurchpassen würden, lenkte der König ein. <<

VON USA & MÖHRINGEN

Die USA sind bekanntlich überall auf der Welt vertreten, auch in Stuttgart, und nicht zu knapp. Zwei von sechs Oberkommandos der US-Streitkräfte haben hier ihren Hauptsitz. Seit 1967 befindet sich das ***United States European Command*** (EUCOM) in den ***Patch Barracks*** in Stuttgart-Vaihingen. Das EUCOM hat verschiedene Aufgaben zu erfüllen, unter anderem die US-Interessen zu vertreten, für regionale Stabilität zu sorgen, die transatlantische Sicherheit zu gewährleisten und den Terrorismus zu bekämpfen. Bis 2007 war das Regionalkommando auch für Afrika zuständig. Hierfür gründete man schließlich aber AFRICOM, das dort (mit Ausnahme von Ägypten) ähnliche Aufgaben erfüllen sollte. Vorrangig ist es jedoch für humanitäre Hilfsoperationen und Kriegsprävention zuständig sowie für politische Stabilität und das Wirtschaftswachstum der 56 afrikanischen Länder. AFRICOM hat seinen Hauptsitz in den ***Kelley Barracks*** in Stuttgart-Möhringen.

VON WEIN & ADAC

Der ADAC in Württemberg erfand indirekt das Stuttgarter Weindorf. 1976 wollte dessen Pressesprecher Erich Brodbeck die Weinverbundenheit Stuttgarts mit einer Hocketse demonstrieren. Noch in den 1970ern wurden von einem Architekturbüro einheitliche Lauben entworfen, an deren Grundgerüst sich bis heute nichts verändert hat. Das wohl erste Weindorf in Stuttgart gab es jedoch bereits im Jahre 1511. In den Annalen der Stadt heißt es, dass zur Hochzeit Herzog Ulrichs 50.000 Liter Wein an das Volk ausgeschenkt worden sein sollen. Dieser sprudelte sogar aus den Brunnen vor dem Schloss. Zu diesem Fest wurden Ochsen, Kälber, Schweine, Hühner und Heringe verspeist. Da geht es heute in den 120 Weinlauben mit Schupfnudeln und Maultaschen wohl weitaus gesitteter zu. Aber auch heute fließt der Wein noch in rauen Mengen. Bei über 500 angebotenen Weinen ist sicherlich für jeden Gast ein passender dabei.

VON CORBUSIER & POMPIDOU

James Stirlings postmoderne ***Neue Staatsgalerie*** ist eine ironische Hommage an die Architekturgeschichte. Woran sich viele seiner Architektenkollegen nach der Fertigstellung 1984 gestoßen hatten, lädt den Besucher geradezu ein, auf Entdeckungsjagd der Architekturstile zu gehen. Wie sein klassizistischer Vorgänger, die ***Alte Staatsgalerie***, wurde das Gebäude als Dreiflügelanlage errichtet. Die Rotunde in der Mitte mit aufsteigender Rampe ist eine freie Interpretation des ***Kolosseums*** in Rom. Antik anmutende Säulen, Spitzbogen der Gotik und sogar Wasserspeier, die Bauten des Mittelalters versinnbildlichen sollen, sind hier zu finden. Auf der Rückseite – zur Urbanstraße hin – erinnert der Verwaltungstrakt an Bauten von Le Corbusier. Die riesigen bunten Lüftungsrohre daneben sind auf das ***Centre Pompidou*** in Paris zurückzuführen. Humor hatte James Stirling wahrlich: So liegen im Rasen vor dem integrierten Parkhaus einige Steinblöcke, als wären sie soeben aus der Wand gestürzt. Doch ist das Loch in der Mauer ebenso Teil der Architektur wie die vermeintlich herausgestürzten Steine.

Wo Sie das Unnütze Stuttgartwissen finden:

Seite 05	Seilbahn	Südheimer Platz U1 & U14 – Südheimer Platz/Seilbahn
Seite 06	Chinesischer Garten	Ecke Panorama-/Birkenwaldstraße Bus 44 – Im Kaisemer
Seite 07/oben	Centralbahnhof	Bolzstraße 10 U9 & U14 – Friedrichsbau/ Börse
Seite 08	Kanonenhäusle	Ecke Gellert-/Hillerstraße
Seite 13	Theaterschiff	Überkinger Straße/Am Mühlgrün U14 - Rosensteinbrücke
Seite 14/oben	Bad Berg/Leuze	Am Schwanenplatz 9 U1, U2 & U14 – Mineralbäder
Seite 22	Stadtbibliothek	Mailänder Platz U5, U6, U7, U15 – Stadtbibliothek
Seite 23	Nymphengruppe	U1, U2 & U14 – Mineralbäder
Seite 28	Gaisburger Gaskessel	Talstraße U9 – Schlachthof
Seite 29/oben	Zahnradbahn	U1 & U14 – Marienplatz
Seite 30/oben	Pragfriedhof	Ecke Heilbronner-/Friedhofstraße U5, U6 & U7 – Eckardshaldenweg U15 – Pragfriedhof
Seite 31	Klösterle	Bad-/Marktstraße U14 – Rosensteinbrücke
Seite 35	Galatea-Brunnen	U15 – Eugensplatz
Seite 36	Schloss Rosenstein	U1, U2 & U14 – Mineralbäder
Seite 40/unten	Stauffenberg-Stätte	Stauffenbergplatz/Karlsplatz
Seite 45/unten	Schloss Hohenheim	Garbenstraße U3 – Plieningen
Seite 47	Mercedes-Benz Museum	Mercedesstraße 100 S1 – NeckarPark/Mercedes-Benz
Seite 49	Birkenkopf	Ecke Geißeich-/Rotenwaldstraße Bus 92 – Birkenkopf
Seite 54	Wilhelmatheater	U14 – Rosensteinbrücke oder Wilhelma
Seite 57/oben	Hafen	Otto-Konz-Brücken U9 & U13 – Hedelfinger Straße
Seite 58/unten	Travertin-Säulen	Halden-/Neckartalstraße U14 – Kraftwerk Münster
Seite 59	Bildsäulen	Siehe Seite 47

Seite 60/oben	Mineralbäder	Siehe Seite 14
Seite 62	Markuskirche	Römer-/Filderstraße Bus 43 – Markuskirche
Seite 64/unten	Villa Berg	Siehe Seite 14
Seite 72/oben	Dornhaldenfriedhof	Siehe Seite 05
Seite 75/unten	Erbsenbrunnen	Marktstraße/Badergasse U1, U2 & U13 – Wilhelmsplatz
Seite 77	Weißenburgpark	Hohenheimer Str./Bopserwaldstraße U5 bis U7 & U12 – Bopser
Seite 80	Musikhochschule	Eugen-/Urbanstraße U1, U2, U4, U5 bis U7 – Charlottenplatz
Seite 81/unten	Villa Reitzenstein	Richard-Wagner-Straße U15 – Bubenbad
Seite 88	Travertinpark	Siehe Seite 58
Seite 98	Feuersee	S1 bis S6 – Feuersee
Seite 102	Schwabtunnel	Schickhardt-/Schwabstraße Bus 42 – Schickhardtschule
Seite 115/unten	Waldorfschule	Haußmannstraße 44 U15 – Heidehofstraße
Seite 116	Schloss Solitude	Bergheimer Steige / Solitudestraße Bus 92 – Solitude
Seite 124	Zahnradbahn	Marienplatz (Start) U1 & U14 – Marienplatz
Seite 128	Max-Eyth-See	Mühlhäuser Straße/Seeblickweg U14 – Max-Eyth-See
Seite 132	Staatsgalerie	Siehe Seite 80 U1, U2, U4, U9 & U14 – Staatsgalerie

UNNÜTZES STUTTGART WISSEN

Täglich aktuell

Jeden Tag neues unnützes Wissen über Stuttgart gibt es im Web.

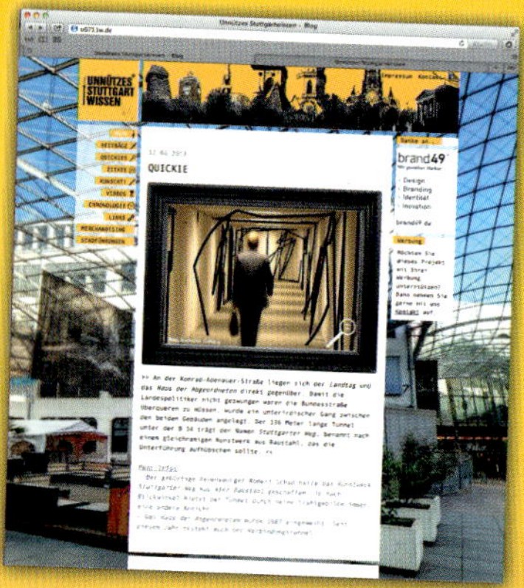

Auf unserem Blog:
unnuetzes-stuttgartwissen.de

Bei Facebook:
/UnnutzesStuttgartwissen

Alle Offlineprodukte
wie Bücher, Kalender und mehr
Im Onlineshop **www.lokalteil-verlag.de**
und im gut sortierten Buchhandel